JN065486

「幸せ」な学校のつくりかた

弁護士が考える、
先生も子どもも**「あなたは尊い」**と感じ合える学校づくり

真下麻里子
弁護士／NPO 法人ストップいじめ！ナビ理事

教育開発研究所

はじめに　――「私は尊い」と自信を持って言えますか？

ある講演で、私は中学1年生30人ほどに向けてこう言いました。

「みなさんは〝尊い存在〟です。たとえ全然勉強しなくても、決まりを守らないことがあったとしても、みなさんは存在しているだけで〝尊い〟のです」。

生徒のみなさんは、少し面食らったような顔をしました。その様子を見てから、私は続けてこう問いかけました。

「今、私が言ったことを『当然じゃん！　この人、なんで当たり前のことを言うんだろう？』と思った人はどれくらいいますか？」

一番後ろに座っていた女の子が勢いよく「はいっ！」と手を挙げました。私は嬉しくなって、「他の人はどうですか？」とつい笑顔で促してしまいました。しかし、結局誰も他に手を挙げることはありませんでした。むしろ、みんな私に「当てられまい」と一様に視線を落としたのでした。

みなさんの学校の子どもたちに同じ質問をしたら、どのような反応が返ってくると思いますか。手を挙げてくれる子どもたちはどれくらいいるでしょう。子どもが中学生以上であれば、もしかすると「思春期特有の照れがあるから難しい」と思う方もいらっしゃるかもしれません。確かに、そうした難しさもきっとあるでしょう。たとえどのような質問であっても無邪気に「はいっ！」と手を挙げてくれる中学生・高校生はごくごく少数だからです。

他方で、私が経験した子どもたちの反応に、どこかで納得できる、またはそれほど驚かない方も多いのではないでしょうか。なぜなら、私たち大人自身が「私は尊い」と自信を持って言えない部分があるからです。

電車に乗れば、英会話、脱毛、増毛、ダイエットなどさまざまな広告を目にします。「こうすればあなたは愛される」「こうなればあなたの市場価値が上がる」といったメッセージを、私たちは知らず知らずのうちに大量に受け取っています。

また、世の中には、人の価値を「生産性」で論じてしまう風潮や、障害者や高齢者の存在自体を軽視する議論、そうした思想に基づく犯罪まで存在しています。いつ自分が「価値がない側」に追いやられるかわかりません。自分の日々の居場所であるはずの職場にすら「できない者は不要」という空気があるかもしれません。

そうやって私たち大人は、自分の価値が〝条件付き〟で認められるかのように錯覚していくのです。

もちろん、その条件を失うまいという不安や恐れ・強迫観念も一緒に植え付けられてしまうでしょう。

そして、私たちのそうした不安や恐れ・強迫観念は、確実に子どもたちに伝わります。勉強する理由も規範を守る理由も「落ちこぼれたら恥ずかしいから」「周りから浮いてしまうから」「社会に出たときにそれでは通用しないから」といった後ろ向きな理由ばかりになりがちです。

また時には、学生起業家や環境活動家、人気ユーチューバーなど「子どもらしくない」振る舞いをする子どもたちが苛烈な批判にさらされることもあります。私たちの不安や恐れ・強迫観念は、それを「感じていない」ように見える子どもたちに「大人として教えてあげなければ」という形で向けられてしまうからです。結果、子どもたちをコントロールして、自分たちと同じような「枠」にどうしてもはめたくなってしまいます。

「子どもたちには、真っすぐ健やかに育ってほしい。自分らしく幸せに生きてほしい。そして〝良い社会〟をつくる担い手になってほしい」

きっと教育に関わる誰もがそう思っているはずです。何より子どもたちの「幸せ」を願っているはずなのです。

しかし、そのためにはまず、私たち大人自身が条件付きではなく「私は尊い」と感じられるようになることが必要です。先生方が「幸せ」であってはじめて、子どもたちの成長の場である学校を「幸せ」な場所にすることができるのだと思います。

もちろん、それはけっして容易なことではないでしょう。また「そう感じなければならない」とか「大人の義務」などと述べるつもりもさらさらありません。かく言う私自身が「私なんて……」と一日に何度思うかわかりません。

しかし、私が自分自身をどう思うかはさておき、客観的事実として私たちの国の法体系は、私たちが「尊い」ことを前提につくられています。また、幸いなことに、私を「尊い」ものとして扱ってくれる、信じてくれる人たちもいます。私はそうした法の精神や周りの人たちを信じたいと思います。一人で感じられなければ、誰かと一緒に、誰かの助けを借りながら感じればよいのです。きっと、〝全部自分一人でやる必要〟など全くないのです。

ですから私は、本書を通して、読んでくださる方に「あなたは尊いです！」と太鼓判を押したいと思います。さまざまな角度から論じるので、部分的にはそう受け取れない記載もあるかもしれませんが、コアメッセージは「あなたは尊い」であることをここに宣言させていただきます。

本書が「人の尊さ」と向き合うきっかけとなり、また先生も子どもも「あなたは尊い」と感じ合える学校づくりのきっかけになれば、これほど嬉しいことはありません。

目次

第3章　教員の「専門性」を尊重するために

序章　本書を通して共に考えたいこと

実現したいのは「個人の尊厳が守られる学校」

■新型コロナウイルスがもたらしたもの

２０２０年初頭から全世界的に広がってしまった新型コロナウイルス感染症（COVID-19）は、私たちの生活に大変な影響を及ぼしました。緊急事態宣言が発令され、学校も全国的に休校を余儀なくされました。人々の外出に制限を加えるため、多くの事業者が営業の自粛を求められ、やむを得ず倒産してしまう事態すら多発しました。

今まで「当たり前」だったことが突然「当たり前」でなくなったのです。多くの人たちが動揺し、明日を不安がりました。５月に緊急事態宣言が明け、徐々に以前の生活に戻りつつあったものの、２０２１年１月現在、一部の都道府県には再び緊急事態宣言が発令されており、どこまで感染者が増えてしまうか先行不透明で、その不安はいまだ継続していると言えるでしょう。

他方で、この混乱があったからこそ見えてきたこともたくさんあるように思います。在宅勤務やオンラインミーティングの普及などはその最もわかりやすい例ですし、これまであまりに当然とされてきた「ハンコ文化」に対してすら、疑問視する声があがり、法改正をはじめとする見直しが議論され始めました。厳しい制約があるからこそ、「当然こうすべき」という従来の固定化された枠にとらわれず、本質的なことを再優先する思考が生まれたのかもしれません。

また、全ての人が未知の事態に直面したからこそ、その人なりの信条や世の中に対する見方や考え方が深まったのではないでしょうか。これまであまり見られなかった有名人たちの政治的発言が急に増え始めたことなどは、そのわかりやすい例かもしれません。身近な例でも、自粛期間中に自分の生き方とじっくり向き合い、2020年5月の緊急事態宣言明けから転職活動を開始した友人などもいます。きっと多くの人々が、最後に頼れるものは、世間の言う「当たり前」や「常識」「前例」といったものではなく、「自分自身」であることに気づいたのだと思います。

■人の成長を支えるのは「個人の尊厳」

他方、そうした信じられる「自分」を形づくれるかどうかと教育はけっして無関係ではありません。自分を信じて力強く生きていくためには、自分の直感・感覚や思考を丁寧に検証していくスキルが必要だからです。このスキルは、周囲の言うことにただ素直に従っているだけでは身につかないものです。時には多数派や権威の意見を否定的な視点から検討していくことも必要になるでしょう。また、自分一人だけの力ではどうしても限界がありますから、さまざまな人たちと協力関係を築いていくことも必要になります。

近年こうしたスキルは「非認知能力」などとも呼ばれ、多くの教育者がその重要性を訴えています。

変化し続ける社会で生き抜くため、自分の能力を自分自身で伸ばし続けていくために必要な能力です。

私は、子どもたちがこうしたスキルを身につけていくためには、学校が「個人の尊厳が守られる場」であることが必要不可欠であると考えています。自分の直感・感覚や思考は、自身の尊厳を支える重要な要素ですから、それらを安易に否定されるような環境では〝検証していく訓練〟などできるはずがないからです。どのような個性を発揮しても、どのような意見を述べても、どのような失敗をしても、「あなたは尊い」という前提だけは揺るがない場である必要があります。

そして、その「あなた」には子どもだけでなく、教員等の大人も含まれなければなりません。子どもたちは大人がどう扱われているか、心から自分を信じて伸び伸びと生きているかをとてもよく見ているからです。またそもそも、大人自身が「尊い」ものとして扱われていないのに、子どもだけをそのように扱うことなどほぼ不可能だからです。

ですから、これからの教育現場は、大人も子どもも互いに「あなたは尊い」と感じられる、思い合える場になっていってほしいというのが私の心からの願いです。

しかし現実問題として、そこに至るまではかなり多くのハードルを乗り越えなければならないようです。給特法（公立の義務教育諸学校等の教育職員の給与等に関する特別措置法）による教員の〝定額働かせ放題〟の問題をはじめ、敬意が払われてしかるべき教員の専門性はけっして尊重されているとはいえず、子どもを効率よく管理しなければならない必要性から、多くの〝決まりごと〟で子どもの権利を簡単に制約してしまっています。そうした大人や子どもに対する扱いは、たとえどのような理屈を付けようとも「あなたの価値は〝その程度〟」という静かで、でも確実に相手に届くネガティブなメッセージになります。

■法的視点がマインドセットを変える

そうした現状に対して、私にできることはごく限られているのですが、そのネガティブなメッセージを少なくすること、ポジティブなものに変えていくことのお手伝いはできると考えています。法的視点を提供することで、教員のみなさんの問題の捉え方、マインドセットを少しだけ変えられる可能性があると思うからです。

そこで本書では、まず第1章で、教育現場がどのように法を捉えていくと、「個人の尊厳が守られる学校」に近づきやすいかを提案します。

次に、第2章では、いじめ問題においても、子どもたちに「あなたは尊い」というメッセージを発信し続けるための視点を提供します。

第3章では、学校において教員という存在が子どもたちと同様に「尊い存在」であることを確認するために、「教員の専門性」について検討します。

第4章では、いじめ防止法の「捉え方」を通して、「教員の専門性」を学校単位で尊重していくための視点を提供します。

第5章では、コロナ禍における私の活動を通して見えてきたコロナ後の「大人の学び方」のヒントを提示します。

そして、最終章である第6章において、本書を通して私が提案したい「幸せな学校をつくる教員像」を示したいと思います。

■「大きな仕組みを変えること」と「問題意識の共有」

なお、本書は法的視点等を提供することにより、「個々人が物事の捉え方や視点を変えていくこと」をテーマにしています。しかし、これらは「世にある問題は全部あなたの捉え方次第でなんとかなる」とか「あなたさえ変われば解決するから、他人に何かを主張するのはやめよう」とかそういった話では全くありません。むしろ逆です。

教員の労働環境の問題をはじめ、どのような問題も「大きな仕組みを変えること」は必要不可欠であり大前提です。ただ、大きな仕組みを変えるには政治やお金などの力が必要であり、個々人の個別の努力だけでは限界があります。私たち一人ひとりの問題意識を互いに共有し合ったり、たくさんの〝声〟を集めたりする必要があります。

他方、逆に「大きな仕組み」を変えられたとしても、私たち一人ひとりの問題意識と合致していなければ、その仕組みをうまく動かすことはできません。世の中に形骸化した仕組みがたくさんあることがその証左です。

ですから、個々人の問題意識を研ぎ澄まし、多くの人々と共有していくこと（個々人が変わっていくこと）と「大きな仕組みを変えること」とは両輪であり、つながっています。どちらかだけでは不完全です。

そして本書において私は、前者の方でみなさんのお役に立ちたいと考えています。本書をみなさんの問題意識を共有するためのツールにしていただきたいのです。

そのために、法的な視点だけでは足りないと感じた部分については、４人の専門家の方々に対談という形でお話を伺いました。

４人のみなさまは、本書を書き進めていく中で「ぜひお話を伺ってみたい！」と思った方々で、まさか全員との対談が本当に叶うとは夢にも思っていませんでした。たいへんお忙しい方々であるにもかかわらず、貴重なお時間をいただくことができ、非常に感激いたしました。分野はそれぞれ異なりますが、各々の立場から〝同じ未来〟を見ていることが感じられて、対談そのものもとても楽しい時間でした。私が感じた「ワクワク」を読者のみなさまにも感じていただけたらと思います。

なお、本対談により、対談者の方々の各専門分野に興味を持たれる方も多いと思いますので、ご著書等の各情報も対談ページに掲載しました。ぜひ参考にしてください。

本書を通して、少しでも多くの方々と「教育の未来」や「これからの在り方」を共有することができましたら、たいへん嬉しく思います。

第1章

「個人の尊厳を守るツール」として法を捉えよう

大ヒットした『こども六法』

■『こども六法』のすばらしさと懸念

『こども六法』（山崎聡一郎著、弘文堂）という本をご存知でしょうか。２０１９年８月の発売後、発行部数62万部（２０２０年８月時点）を突破したという児童向けの法律書です。同書には、刑法や少年法、いじめ防止対策推進法（以下、いじめ防止法）などが子どもにわかりやすく逐条解説されています。「法的な知識を身につけることで、子どもが自分の身を自分で守れるようになってほしい」という筆者の想いやコンセプトもたいへんすばらしく、法律家として、これほど世の役に立つ本はなかなかないと思っています。

そんな『こども六法』の書評を書いてほしいというご依頼を公益財団法人東京子ども図書館からいただいたのは、２０１９年11月のことでした。たいへん光栄なご依頼に、すぐさまお受けする旨をお伝えしたのですが、他方で実は、わずかな懸念や不安も抱いていたのです。

少し話が遡りますが、私がＮＰＯ法人ストップいじめ！ナビの活動として、中高生向けに「いじめ予防授業」を開始した２０１２年頃、多くの教員の方々から頻繁に受けていたリクエストがありました。それは、「いじめをしたら、刑事罰が科されることを強調してほしい」「多額の賠償責任を負った事案も紹介してほしい」といったものです。

いじめは、「法律違反だからやっちゃダメ」「刑罰が科されるからやっちゃダメ」「たくさんのお金を払うことになるからやっちゃダメ」、どれも極めてシンプルでわかりやすい理屈です。また、外部者であり、実際の訴訟などを経験している弁護士がこれを言うことに多少の〝ナマハゲ的〟効果も期待されていたかもしれません。

こうしたリクエストに対しては、そのつど私の想いやいじめ予防授業の趣旨を説明して丁重にお断りしてきました。また、前著『弁護士秘伝！　教師もできるいじめ予防授業』（以下、「前著」と言います）等でもそうしない理由を折に触れて説明してきました。

そのため、現在では私自身がこうしたリクエストを受けることは全くなくなりましたが、一般にこの種の需要があることは、世間のいじめ問題に対する反応などからも痛いほど感じていました。ですから、『こども六法』の大ヒットを知ったとき、私がまず懸念したのは、大人の反応でした。そして、書評を書くにあたってインターネット上の大人の感想を確認し、その不安が的中していることを知りました。

「いじめは犯罪ということがわかりました！」「この本のおかげで、子どもから『なぜいじめはダメなの？』と聞かれたら、堂々と『いじめは犯罪だから』と答えられます！」「加害者にはきちんと刑事罰が科されることがわかって安心しました！」といった内容のレビューがたくさん並んでいたからです。

■「いじめは犯罪だからダメ」の危険性

「いじめは犯罪」というフレーズは、確かにとてもわかりやすいですね。これほど子どもたちに効果的なフレーズもないかもしれません。しかし、効果的ということは、それだけ大きなインパクトを子どもたちに与えるということでもあります。「犯罪だからダメ」は、とても大きな「力」（圧力）なのです。大人がその「力」で押さえつけようとすればするほど、子どもたちがそれに抵抗しようとする力も大きくなります。

たとえば、同書には、「気軽に『死ね』と言うこと」が刑法２０２条自殺関与罪に当たると紹介されています。これを根拠として、友達に「死ね」と言った子どもに「それは犯罪だからやめなさい」などと言っても、おそらくその場の発言を一時的に止められるだけでしょう。少なくとも本心からの納得は得られないと思います。なぜならば、「死ね」と言ったくらいで警察が自分を捕まえに来ないことは子どもでも知っていることだからです。

また、『こども六法』を正確に読み込んでいる子どもであれば、相手が具体的な自殺行為に及ばなければ、たとえ何度「死ね」と言ったとしても自殺関与罪や同未遂罪が成立しないことに気づくかもしれません。そうなれば、その子は法に基づいて正面から大人に反論することができます。

「犯罪になるからやめなさい」という理屈は、どうしても「犯罪にならなければセーフ」という理屈を生みます。自分の行為を「犯罪」と指摘された子どもは、たとえその場で瞬時に反論できなかったとしても、後で必死になって自己の行為を正当化する方法や理屈を考えるはずです。誰だって「犯罪者」のレッテルなど貼られたくないからです。

つまり、法律を〝ナマハゲ的〟に使うことには限界があるということです。それも割と短期間で直面する限界です。ですから、私は『こども六法』の大人の読者のみなさんには、そういう使い方だけは避けてほしいと考えています。

■「六法」であることの重要性

むしろ、同書の最もすばらしい点は、同書が法律の解説書ではなく「六法」であるという点なのです。それにより、さまざまな法律を見比べながら、各法がどのような役割を担い、どのような〝価値〟を守ろうとしているかを学ぶことができます。その〝価値〟こそが、私たち大人が子どもたちに本当に伝えたいことなのです。

こうした想いから、私は東京子ども図書館の季刊誌である「こどもとしょかん164号」に書評を寄稿しました。ここに書いたこととほぼ同様の内容ではありますが、ご興味のある方はぜひご参照ください（NPO法人ストップいじめ！ナビの団体サイト*でもご確認いただけます）。

なお、2020年2月にNHKの「いじめをノックアウト」の番組委員の会合で初めて著者の山崎聡一郎さんとお会いしたとき、ご本人からこの書評のご感想をいただきました。山崎さんとしても同じ想いがあったようで感謝のお言葉をいただき、とても嬉しかったです。以来、山崎さんとは、まるで同志のような心持ちでお仕事などをご一緒させていただいています。本書には、その山崎さんとの対談も収録されていますので（39頁）、ぜひお読みください。

「法＝刑事罰・損害賠償請求」のイメージはもったいない

■法の一般的なイメージ

『こども六法』が〝ナマハゲ的〟に使われそうになるのも、私が学校から「弁護士らしく、刑事罰

*ストップいじめ！ナビ団体サイトQR

や損害賠償請求の話をしてほしい」というリクエストを受けてきたのも、法の一般的なイメージとして「刑事罰を与えるもの」「損害賠償請求するときに使われるもの」というイメージがあるからだと思います。

そして多くの場合、それは法が「訴訟沙汰（または重大なトラブル）にならなければ関わりのないもの」であるという認識と結びついています。**図1**で言えば、一番下の「訴訟」の部分あたりで突然「法」が登場するようなイメージです。

事実、私が弁護士になったとき、友達などから口々に言われたのは「訴えられたらよろしく頼むよ」「捕まったら助けてね」「トラブルに巻き込まれて困ったら連絡するよ」といったものでした。

図1　法に対するイメージ

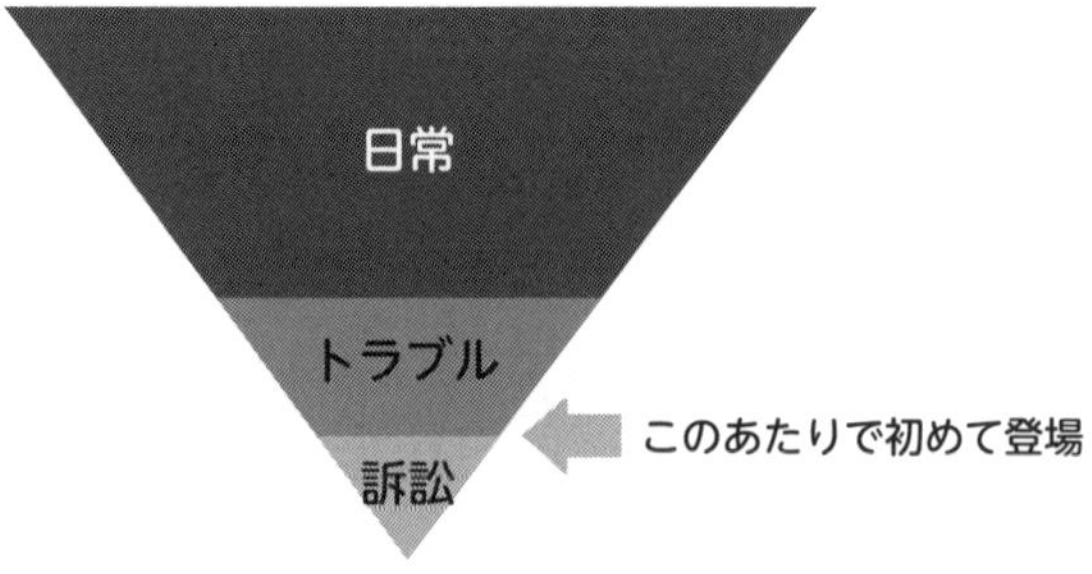

■法の「知恵」を生かす

しかし、私たちの国は、その仕組みが法によって定められている法治国家であり、誰もが法と無関係ではいられません。たとえば、私たちの日常としてありふれている「コンビニでおにぎりを買う行為」ですら、売買契約として民法５５５条にその定めがあります。紛争やトラブルになると法の存在が〝見えやすくなる〟というだけで、日常生活の中に法が存在しないわけではないのです。

むしろ、法には相手を尊重するため、物事をフェアに進めていくための知恵がたくさん詰まっています。なぜならば、法は人々の権利の衝突を調整するために存在しているからです。刑事罰や損害賠償請求などは、あくまで法の一側面にすぎません。

ですから私は、学校を「個人の尊厳」が守られる場、大人にも子どもにも寛容な場にしていくためには、法の抑圧的な側面ばかりに着目するのではなく、そうした法の知恵を生かしていくのがよいと考えています。

教育現場における「団子の串」としての法

■いじめが起きる前に「串」を通しておく

実は、私の中で「教育現場における法」のイメージは「団子の串」（図2）です。団子は、子ども、教員（学校）、保護者の三者のたとえです。この三者に共通認識をつくるツールとして、まるで団子に串を通すかのように法を活用するとよいと考えています。いじめ防止の啓発活動においても、基本的にはこの「団子の串」を意識しながら行っています。

たとえばまず、いじめ予防授業において子どもたちに対していじめに対する法的な考え方を伝えます。次に、その授業の内容や

図２　団子の串のイメージ

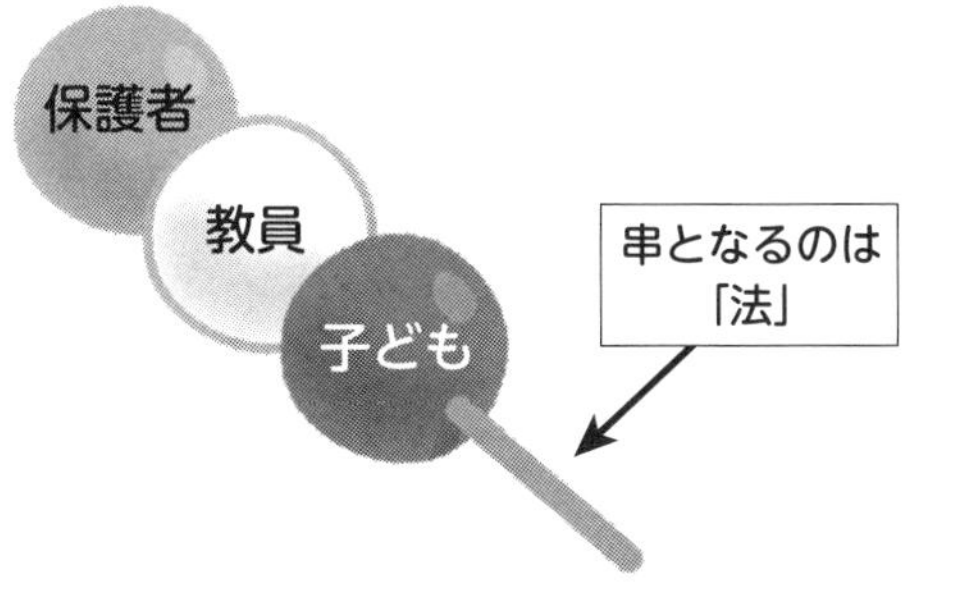

いじめ防止法の解説などを教員に対して行います。この時点で、少なくとも学校内においては、いじめに対する見方・考え方が統一されます。「もし、いじめが起きてしまったら、みんなでこう考えよう」という共通認識ができるというわけです。

いじめの問題は、一度起きてしまうと被害者や加害者といった立場の違いが生じてしまうため、どうしても感情的な対立が生じてしまいます。そのため、発生後に慌てて見方・考え方を統一しようと思っても難しいのです。団子の例で言えば、発生後はどれほどがんばっても上手に串が通せなくなってしまいます。ですから、いじめが起きる前にこそ串を通しておくことが大切です。

他方、子どもに対する場合は特に、串は、外部者である私などが一度通したくらいではすぐに消えてしまいます。だからこそ、私が行ういじめ予防授業は、3年間から4年間（中高一貫校などの場合）で1セットにしているわけですが（詳細は70頁【いじめ予防授業の概要】をご参照ください）、それだけでもやはり十分ではありません。教員のみなさんによる日々の復習や確認等の〝串のメンテナンス〟が不可欠です。

事実、私がこれまで担当させていただいた学校のうち、このメンテナンスを行っている学校は、串をとても上手に活用していらっしゃると感じますし、実際に「いじめ対応がかなり楽になった」というお声をいただくこともあります。

生徒間でいじめの芽が生じたとき、加害者とされる側は「そんなつもりはない！　いじめじゃない！　私は悪くない！」と抵抗してしまうことが多いですが、日頃からいじめに対する考え方を教員と生徒の間で復習・確認し合っている学校は、そうした余計な対立を減らせるようです。「いじめ予防授業でいつも勉強している内容」という共通認識が双方にあるため、生徒側が教員の話を受け入れやすいのです。少なくとも、「いじめ」と評価されるか否かなどの些末な論点にはとらわれにくくなり、「なぜ相手が傷ついてしまったのか」「他にどのような手段を取り得たか」等、より本質的な議論を行うことができるようになるようです。

■保護者にも通してこその「串」

とはいえ、いくら子どもと教員の間で串が通せたとしても、保護者にいじめに対する理解がなければ学校の負担は解消されません。保護者に串が通っていない状態で万が一いじめが発生すれば、当然ながらより事態は複雑になり、後から串を通すどころの話ではなくなってしまいます。ですから、保護者に対して串を通す作業もとても大切なのです。

しかしながら、こればかりはけっして容易ではなく、近年少し増えつつあるものの、実際に私が保護者研修まで担当できた例もそれほど多くはありません。それぞれの学校にご事情があるとは思いますが、「いじめ」をテーマにする保護者研修自体が保護者を不安にさせ、学校のイメージを悪くするのではないかという心理的なハードルも多少あるように感じます。いじめ予防授業を実践している事実やその概要だけを保護者会等において報告する程度の触れ方が多いようです。

そのためなのか、弁護士を講師に招く形で開催される保護者研修の例として多いのは、学校からではなく、ＰＴＡからのご依頼です。ただ、その場合もＰＴＡの方々から「今日の講義をぜひ聞いてほしいと思う保護者ほど、こういう研修には参加してくれない」などの〝本音〟を教えていただくこともあり、やはり保護者研修はとても難しいようです。

いずれにしても保護者にも通してこその串ですから、今後は保護者へのアプローチをよりいっそう具体的に検討していきたいと思っています。

串の芯に必要なのは「寛容な視点」

団子の串を通すにしても、通す串の内容はとても重要です。先に触れた「法＝刑事罰・損害賠償請求」のイメージを芯に持つ串を通したところで、残念ながら学校がペナルティの存在に裏打ちされた〝不寛容な場〟になってしまうだけです。

一般に、いじめはストレスのかかる環境で増加すると言われています。厳しい指導が行われるといじめが増えるといった統計もあり（荻上チキ『いじめを生む教室』〈ＰＨＰ新書〉参照）、教室を寛容な場にしていくことは、いじめ防止のためには不可欠です。

したがって、教員研修等では必ず「そもそも法とは何か」という話から説明するようにしています。そうすることで、損害賠償や刑事罰ではなく、「寛容な視点」こそが法の本質であることを実感してもらえると思うからです。

■憲法は法律か

さて、そうした〝そもそも論〟をみなさんと一緒に考えるとき、必ず立ち返る問いがあります。それは、「憲法は法律か」という問いです。この問いは、私がロースクール一年生のときに読んだ、司法試験予備校・伊藤塾塾長の伊藤真先生のご著書に掲載されていた問いです。当時の私はロースクール生であったにもかかわらず、法学部出身者でないことを言い訳にロクに法律の勉強ができていませんでした。そのため、その問いを見たとき、恥ずかしながら「えっ？ 憲法って法律じゃないの？」と思ったのです。そして、この問いによってグッと「法」というものの全体像がみえるようになったため、今でも折に触れてみなさんにご紹介しています。

なお、この問いをご紹介すると、高校生、大学生以上のみなさんは「そういう聞き方をするなら法律じゃないんだろうね」という反応をします。しかし、それは「なぜ当たり前のことを聞くんだ」という反応ではなく、あくまで「そういう聞き方をするならそうなんだろう」という反応なのです。つまり、ロースクール一年生のときの私と同様、多くの人々が憲法と法律の違いをあまりしっかりと考えたことがないのだと思います。

結論から言えば、みなさんの予想どおり、憲法は法律ではありません（**図3**）。憲法はその重要な機能として〝国家権力〟を縛る役割を担っており、法律よりも上位にある法規範です。これを憲法の「最高法規性」（日本国憲法98条）と言います。そして、

図3　憲法は「法律」か？

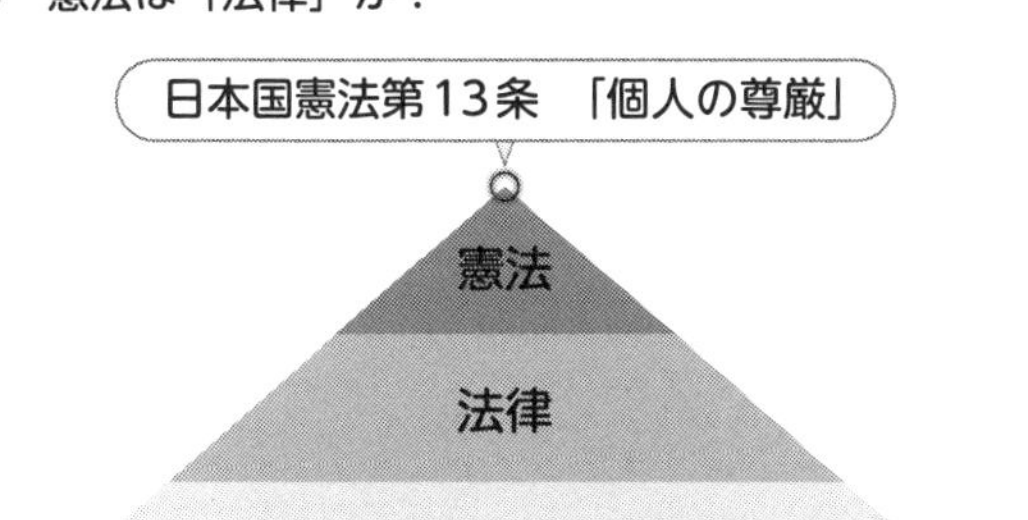

その最高法規である日本国憲法が最も大切にしていると考えられる価値が「個人の尊厳」（憲法13条）です。3大原則として有名な平和主義、基本的人権の尊重、国民主権なども、究極的にはこの個人の尊厳を守るために存在する原則・理論ということができます。少なくとも法体系上、私たちの社会は、私たち一人ひとりの尊厳を「最も尊い価値」であると考えているということです。

他方、法律とは、憲法が定める立法府たる国会で定められたものを言います。そして、前述の通り、法律は憲法よりも下位の規範ですから、立法府は憲法に反する法律を定めることはできませんし、行政府も憲法が保障している価値を不当に毀損《きそん》するような法律の運用や命令等を発することはできません。

■法律は「個人の尊厳を守る」ための手段

つまり法律は、「個人の尊厳を守る」という憲法が掲げる目標を遂行するための手段と言えるのです。私たちの社会には、さまざまな背景や事情、思想信条等を抱える人たちが混在しています。そうした社会において私たち一人ひとりが個人として尊重されるためには、互いの権利が過度に衝突してしまったり、誰かが不当な犠牲を払うようになったりすることがないようにしなければなりません。法律は、そうした衝突を限りなく少なくし、調整していく役割を担っています。

たとえば、私たちが日々利用する飲食店一つをとってみても、関わる法律は多岐にわたります。大きな視点で見ると、店側の営業の自由（憲法22条1項）と客側の生命身体の安全の調整が必要となります。両者の価値はどちらも尊重に値する極めて尊い価値ですが、同列ではありません。営業の自由は、何らかの制約を受けても究極的にはお金でその価値を回復することができますが、人の生命身体はそうはいかないからです。そのため、法的には国民の生命身体の安全の方が営業の自由よりも高い価値であると考えられています。だからこそ、客側に対するものよりも、店側に対する義務や細かい規制を行うことが許容されるのです。

とはいえ、客側の生命身体の安全を盾に店側の営業の自由を無制限に制約してよいということではもちろんありません。営業の自由が適正に保障されなければ、店に関わる多くの人々の生活が成り立たなくなるからです。それは結果として、その人たちの生存権（憲法25条）に関わってきます。

つまり、真に個人が尊重された社会を実現するためには、誰かの権利を制約するときに、どんな価値の対立があるのか、その制約は必要最小限度のものかを丁寧に検討していくことが大切であるということです。一見正論と言えるような「わかりやすい理屈」で安易に線引きしてしまうのは、特定の誰かだけに負担を押し付け、不公正を強いるような結果になりかねません。それでは、真に個人が尊重された社会は実現できないのです。

こうした権利調整の視点、全ての個人に対する寛容な視点こそ、教育現場で通す串の芯にふさわしいのではないでしょうか。

「寛容な視点」と「あなた」と「私」

前節で述べたことは、子ども、教員（学校）、保護者の三者において共通認識をつくる際に基盤となる視点であり、いわば「串をつくったり通したりするときに必要な心がけ」のようなものですが、実際にはもう一つの視点が必要であると考えています。それが、「あなた」と「私」という視点です。たとえ事前に寛容な視点を持った共通認識（串）をつくったとしても、それを振りかざしてしまったら、直ちに〝不寛容な場〟となってしまいます。「この前あれほどみんなで話し合ってこう決めたでしょ！　なんでそれに従えないの！」というのが典型例でしょう。この問題は、前節の例で言えば、法律の制定の段階ではなく、その「運用」の段階の問題です。

■「力」に頼りすぎてしまうことのリスク

いくら法律が個人の尊厳を守る体裁を整えていたとしても、運用の段階で個人に対する不当な制約があれば「個人の尊厳を守る」という目的は達成されません。

ですから、私たちの社会では、法律の内容だけでなく、行政によるその運用も憲法適合性の審査対象になります。制定段階のみならず、運用の時点でもやはり寛容な視点が必要になるのです。

ただ、これが行政の行うことであれば、「どうしても従わない者」に対し、必要な手続きを踏んだ上で行政罰等のペナルティを科すことができます。発動可能な「力」があらかじめ権限として用意されているのです。

しかし、学校においてはそう簡単にわかりやすいペナルティを科すことはできません。体罰はもちろんダメですし、退学や停学などもかなりハードルが高いでしょう（そもそも、公立の小・中学校では退学処分を行えませんし、学齢児童・学齢生徒に対しては停学処分を行えません）。

そのため、多くの教員の方々が声を張り上げる、取り合わない、「べき論」を振りかざす、かなり厳しい生徒指導を行う等、何らかの事実上の「力」を発動させてしまっているように感じます。「静まらない生徒たちに向けて、壇上の先生がマイクで怒鳴り続けた後、そうした態度がいかに『恥ずかしい』かを怒気を含んだまま述べ続ける」という光景には、今でもたまに遭遇します。

こうした力の発動を一切やめるべきなどと述べるつもりはありません。しかし、力に頼りすぎると、その分本来伸ばせるはずの能力を伸ばす機会を失います。「寛容な場をつくる」という理想からもどんどんかけ離れていくため、いじめの増加等、現実的なデメリットもあります。体罰や何らかのハラスメントを疑われるリスクも当然高まるでしょう。

■「力に頼らないスキル」を身につける

他方、そうした「力」に頼らなくてもよい〝スキル〟を身につけている先生は、余計なリスクにもさらされませんし、新学習指導要領で重視されている「子どもの主体性」も奪いません。力に頼らないということは、力で押さえつけなくても子どもが自分の意思で適切に行動できるということだからです。

ですから、「力に頼らないスキル」を意識的に身につけていくことが、子どもの利益につながるだけでなく、最終的に教員のみなさん自身の身を守ることにもつながると私は考えています。

さて、そうした前提のもと「力に頼らないスキル」の例の一つとしてあげられるのが「対話スキル」です。最終的には子どもたちを説得しなければならないことも多いでしょうから、「説得スキル」と言ってもよいかもしれません。なお、以下、本書で触れる「説得」は、「力で押し切る」という意味での説得ではなく、「相手を心から納得させる」「腑落ちさせる」という意味での説得です。本当の意味で〝相手の意思を尊重していること〟を大前提としています。

■「あなた」と「私」の対話を重視する

先ほど、私が担当したいじめ予防授業を例にあげて「上手に〝串のメンテナンス〟を行っている学校がある」と触れました（22頁）が、そうした学校に共通しているのが、生徒との対話を重視している点です。いじめ予防授業で学んだ規範を生徒に一方的に押し付けてしまうのではなく、対話のツールとして、あるいは説得材料のうちの単なる〝一要素〟としてその規範を位置づけているのが特徴です。

他方で、「規範を押し付ける」という行為は、会話の中に「あなた」と「私」以外の誰かを入れることに似ています。いじめ防止法を前面に出して子どもを説得しようとしてしまう場合であれば、「誰かエラい人がこう言ってるんだから、あなたもそれに従いなさい」といった具合です。「ドラえもん」のスネ夫とのび太の会話の中で、突然スネ夫がジャイアンを連れてくるようなものです。

これでは、コミュニケーションが双方向でなく、対話とはいえませんし、相手も説得されません。力でねじ伏せられた反発感情が残るだけでしょう。

対話は、まず「あなた」と「私」であることが大前提なのです。その上で、「あなた」の「したい」（心から求めていること）を把握し、同時に「私」の「したい」も理解してもらう。そうした調整作業が相手の納得感を引き出し、結果として双方にとっての貴重な経験や深い学びにつながっていくのだと思います。なお、「したい」と「すべき」の関係性や「したい」の重要性については、第２章において詳述します。

「対話」と「安心安全」

■ 教育現場で生かせる「説得術」

弁護士は、相手を説得するのが仕事と言っても過言ではない職業です。訴訟では裁判官を説得しなければならず、訴訟外の交渉では相手方を説得しなければならず、無理難題を言う依頼者がいれば依頼者を説得しなければなりません。特に、相手が依頼者である場合は、「力で押し切る」ような説得は高確率で後のトラブルにつながります。ですから、丁寧な話し合いを経て本心から納得してもらうことは極めて重要です。弁護士がそのための時間を惜しむようなこともまずありません。

多くの学校の先生のお話を聞いて、また上手な先生が実際に生徒と話し合っている様子を見ていて、弁護士の説得術のうちいくつかの要素が教育現場における説得術と共通していると感じました。それは、①安心安全な場を提供すること、②安心安全な人であること、③相手と自分、双方の感情を尊重すること、の概ね３つです。安心安全でなければ、人は本音を話しませんし、感情を軽視されればどんなに明快で美しい理屈も頭に入ってこないからです。この３つは、説得のための最低条件と言えるのではないでしょうか。また、これらは「対話」の場面においても共通する条件だと思います。

■安心安全な場を提供する

その上でまず、①安心安全な場については、制度的な側面からもその重要性が見えてきます。

刑事ドラマなどでもよく目にする光景ですが、刑事事件の弁護人になると、「接見」といって警察署や拘置所の特別な部屋で被疑者または被告人と面談を行います。ただ、ドラマと少し異なるのは、刑事弁護人との面談の場合、警察官などの立会人がいないという点です。接見室には弁護人と被疑者または被告人の二人だけです。これは、被疑者または被告人の防御権を最大限に尊重するための制度ですが、なぜこれが防御権の尊重につながるかというと、弁護人以外の誰かがいると被疑者または被告人が本音や真実を話せないためです。つまりこの場合、立会人の存在は、被疑者または被告人の「安心安全」を損なうのです。

■安心安全な人であること

次に、②安心安全な人であることの重要性については、私自身もたくさんの痛い失敗経験から身に沁みています。

ドラマなどでもたまに描かれることですが、刑事事件の場合、被疑者または被告人が直ちに弁護人を信用してくれるわけでは全くありません。被疑者または被告人は、本当に弁護人が信頼に足る存在かを注意深く観察しています。自分の人生を左右する存在なのですから当然です。そのため新人弁護士は、信頼を得られないことが原因で、事実を隠されたり嘘をつかれたりして、「聞いている話と違う！」と後でヒヤリとするような場面に多かれ少なかれ遭遇します。当然、私にもそうした経験があります。そして振り返れば、それらの失敗の背景には、罪を犯したことについて上から目線で「説教」してしまっていたり、「私はこれまで正しく生きてきました」といった〝正しい弁護士〟の仮面」を全く脱がないまま向き合ってしまっていたり、といった恥ずかしい事実があるのです。

つまり、「この人は自分の味方ではない」と思われていた、彼らにとって「安心安全な人」ではなかったということです。それもそのはずで、彼らからすれば、自分たちの行為を一方的に「評価」し、自分だけ「高いところ」から降りてこない弁護人を信用できるはずがないのです。当時の私は「安心安全な人」であることよりも、相手に見くびられないことの方を優先していました。だから、上から目線や「〝正しい弁護士〟の仮面」を脱ぐことができなかったのです。

今思えば、明らかに目的と手段が全く合致していないのですが、当時はなかなかそのことに気づけませんでした。「弁護士たるもの舐められるべきではない」と信じていたからです。でも、本当は「弁護士たるもの舐められるべきではない」のではなく、「人として舐められたくない」という話のはずです。舐められたくないことと、弁護士という立場との間には関連性はほぼありません。

自分の「したい」を叶えるべく舐められないよう努力し、そう振る舞うことと、弁護士という専門職として、被疑者または被告人に安心感を与えることとは全く矛盾なく両立します。むしろ、その点を混同して妙な思い込みを抱えていたことにより、専門職としての自分自身の成長を妨げてしまっていたと言えるでしょう。

ですから、今ではもっと早くに②安心安全な人であることが職業スキルとして磨く価値のあるものであることに気づければよかったと思っています。

「対話」と「内心の自由」

■感情と行動を切り離して考える

いじめ防止に関する教員研修の後にいただく感想の中で意外と多いのが、「感情と行動を切り離して考えるという視点が新鮮だった」というものです。いじめ対応を、「毅然とした態度で臨まなければならないもの」と考えているため、加害者側の言い分の多くを言い訳と評価し、受け付けない姿勢を見せてしまう傾向にあるというのです。

しかし、自分の感情を全く受け止めてくれない大人の言い分を子どもが聞くはずがありません。そんなことは私などよりも先生方のほうがよほど理解されていることでしょう。だからこそ、「毅然とした態度」と子どもに共感することとの間で悩んでしまう先生方が多いようなのです。

そのため、多くの先生方が「『気持ちは受け止めるけれども、行動については許容しない』と切り分けて考えてよいと弁護士から明示されて安心できた」とおっしゃっていました。

そして、先生方の経験則通り、相手の感情を尊重することは対話やその後の説得の過程においてとても重要です。ただ、ここに付け加えたいのは、相手のみならず自分の感情も尊重することの重要性です。要素の3つめを「③相手と自分、双方の感情を尊重すること」としているのはこのためです。

先に触れた「感情と行動を切り離して考える」というのは、憲法19条において保障されている「内心の自由」の考え方をもとにしています。内心の自由とは、思想・良心の自由とも呼ばれ、憲法で保障されている精神的自由のうちの一つです。私たちは、内心でどんなことを考えていても、それを行動として外に表さない限りは〝絶対的に自由〟です。個人の「思っていること」や「感じていること」は、その人の人格を支えるもの、尊厳を支えるものですから、極めて重く尊いものと考えられています。

ですから、自己の内心の一部である感情と外に表れる行為とは法的な位置づけが異なり、法的な評価を受ける判断枠組みも異なるため、「内心については自由だが、行動については何らかの社会的評価を受ける」と考えることができるというわけです。

■内心を「尊いもの」と扱えているか

ただ、ここで一度立ち止まって考えておきたいのは、その内心を〝尊いもの〟として扱えている環境が今どれくらいあるか、ということです。あるいは、私たちは自分の内心を〝尊いもの〟として扱えているでしょうか。本音と建て前で言えばマナーやハウツー本、ネット情報などにより、建て前ばかり取り繕うのが上手になってはいないでしょうか。また、逆にそうした建て前を維持できず感情を出してしまった人を未熟だと責めてしまったことはないでしょうか。

確かに、相手に感情をぶつけること自体は、感情が内心にとどまらず行為として外に表れてしまっていますから、法的または社会的に何らかの評価を受けてしまうのは仕方がありません。しかし、相手がそのように感じている事実そのものを「そんなふうに感じるなんておかしい（その程度で怒るなんておかしい）」などと言って安易に否定したり評価したりするのはとても危険な行為です。相手の人格や尊厳を支えるものを否定しているに等しいからです。

また、「自主的に（自ら喜んで）～すべきでしょう」などと言って、行為そのもののみならず、その動機まで強制してしまうことも同じ理由から危険です。

特にそこに何らかの上下関係（親子、上司部下、先輩後輩、教員と児童生徒等）がある場合は影響力もかなり大きくなりますから、より注意が必要です。

■自分の感情を否定してしまうことの危険性

そして、さらに影響力が大きく、もっと注意が必要なのは、自分の感覚や感情を無視したり、自分で否定したりしてしまうことです。何かについて「嫌だ」と感じても、「こんなふうに感じる自分がおかしい」とか「こういう考え方では成長できない」などとさまざまな理由をつけて否定してしまうのです。

こういう状態が心理学上どのように評価されるかはわからないのですが、私の経験する限り、パワーハラスメントやモラルハラスメントなどの環境からなかなか抜け出せない人や、そうしたハラスメント行為を行う人にそういった傾向があるように感じます。自分の感情をありのまま感じられないということは、自分自身の「したい」も正面から感じることができないということです。これでは、相手と自分の「したい」を調整することができませんから、必然的に何らかの「力」に頼ることになります。

このような自身の専門だけでは説明できない事象を持ち出してまで私がここでみなさんと共有したいことは、私たちの内心は、間違いなく〝尊い〟ということです。

■自分の気持ちを「認知」して行動を考える

だから、「嫌」なら「嫌」、「ムカつく」なら「ムカつく」でよいのです。それ自体を否定することはありません。自分の中にそういう気持ちがあると認知することについて、誰かにダメと言われたり、指図を受けたりするいわれは全くありませんし、自ら罪悪感を覚えたりする必要もありません。「嫌」や「ムカつく」と感じた上で、次にどう行動するかを考えればよいのです。誰かにひたすら愚痴るのでもよいですし、とりあえず今は我慢してリベンジの機会をうかがってもよいでしょう。「あなたのこの〝行為〟に私は嫌な気持ちになる。だからやめてほしい」と率直に相手に伝えるのもよいと思います。誰かの人格や尊厳を傷つけたりしない限り、選択できる手段は無限です。

このことは、対話をする相手にも当然言えることです。仮に自分の感覚と違ったとしても、相手の感覚や感情までを否定することはできません。相手からすれば、そもそもそのような人を「安心安全な人」とは思えないでしょう。

ですから、相手のものも、自分のものも、その感情と行為を切り離して考えることは思いのほか重要なのです。そうした視点を持てて初めて③相手と自分、双方の感情を尊重することができるからです。ここを混同して相手の人格まで全否定してしまい、トラブルを悪化させてしまっている例は子どものいじめ問題に限らず、大人の世界でもとても多いと思います。

逆にここさえきちんと意識できれば、比較的議論の内容がスッキリし、無駄な対立を減らせるでしょう。

第1章まとめ

① 刑事罰や損害賠償請求は、法の一側面でしかない
② 教育現場においては共通認識をつくるツールとして法を使うとよい
③ 共通認識をつくる際は、「寛容な視点」が大切
④ 共通認識形成後、それを運用する際は「あなた」と「私」の視点を持つとよい
⑤ 「対話」や「説得」に最低限必要な3要素
(1) 安心安全な場
(2) 安心安全な人
(3) 相手と自分、双方の感情の尊重

【対談】山崎聡一郎×真下麻里子
『こども六法』で考える、法律の学び方

本文で触れた通り、山崎さんとは、『こども六法』の書評やNHKの番組委員などを通してお友達になりました。そして、「法と教育現場をつなぐ役割を担う」という意味で、私たちはとても近い立場にあります。そこで、活動を行っていく中でお互いに感じていることを率直に語り合ってみました。

他方、山崎さんはたいへん多才なことにミュージカル俳優でもいらっしゃいます。そのため、対談はまさかの「演劇論」からスタートします。

『こども六法』にもそのエッセンスが多分に見受けられますが、「楽しく学ぶ」とはどういうことか、何に焦点を当てていく必要があるのかということを山崎さんに教えていただいたように思います。研究者であり俳優でもあるからこそ見える景色、アイデアをぜひご堪能ください。

「ロールプレイング」は効果的な教育手法

真下　山崎さんは、法教育のご研究だけでなく、ミュージカル俳優としても活躍されていますよね。私は今、大人向けのワークショップとして「模擬調停」というものをやっているのですが（※筆者注：詳細につきましては、第5章をご参照ください）、これを受けた方から、「演劇のすごさを感じました」というフィードバックをたくさんいただきます。

このワークショップは、「調停」という設定を使って、いじめが原因で転校してしまった被害者の代理人と、加害者側の代理人と調停委員という3役を大人たちに割り振って、その場で実際に「調停」をやっても

らうというものです。前提となるストーリーとその役の指示書を渡すだけで、セリフがあるわけではないので「演じてもらう」という意識がなく、このようなフィードバックが多いことは意外でした。

他方で、立場だけを与えられてセリフがないということは、自分の頭で考えて自分の言葉で話さなければならないので、自分自身とかなり向き合わなければなりません。ですから、自分と向き合い成長させていくことと、「演じる」こととの間には何か関連性があるんだと思いました。そこで、今回の対談ではミュージカル俳優の山崎さんに、そのあたりも聞いてみようかなと思ったんです。山崎さんご自身は、演じることと教育には関連性があると思いますか。

山崎　それはずっと思っていますが、劇団四季などでプロフェッショナルな俳優として表現をするときには、あまり考えません。物語の中の登場人物の一人として、与えられているセリフを消化してリアルにしゃべることが一番大事なので、そのなかで「このセリフでお客さんにこういうことを感じ取ってほしい」と思うのは嘘なんです。

たとえば今こうやって、真下先生とお話をしているという状況のなかで、真下先生にこういうことを伝えたいという明確な意思はありますが、僕たちが話しているのを見ている第三者に、こう受け取ってほしいということは考えていないわけです。「こう見せよう」**というのは自意識なので、そのような話し方をしていると、真下さんは「私に話しかけてないな」と感じるはずです。そうすると、コミュニケーションは成立しません。**演じている当事者の間ではもちろんコミュニケーションは成立しませんし、見ているほうからしても、舞台上でリアルなコミュニケーションが行われていないので、大根芝居だなって思うわけです。ですから、「このセリフでお客さんにはこういうことを感じ取ってほしい」ということは、実際には舞台上だとあんまり意識しないです。

他方で、教育の手法としての演劇というものがないかというと、そうではありません。さきほど、自分の言葉で語るというお話がありましたが、役に入っているといっても、その人がどう考えるだろうということは舞台上に乗る前段階として考えておかなければいけないことで、舞台上でセリフを言うときは結局「自分」なんです。なので、そういう意味でも自分と向き合わないといけないし、自分を通じて役を表現しているということになるので、同じ役を演じても人によって違うものができたりします。また、その役の役割を自分のなかに引き受けてやっているので、そこへの共感が育っていきます。教育では手法として「ロールプレイング」と言われますが、効果は非常にあると思います。

僕がオックスフォードに留学しているときは、基本的にこの「ロールプレイング」を学んでいました。そのときのテーマは政治教育だったのですが、イギリスの歴史上において王様などが意思決定をする場面で、その意思決定をする人に進言をする2つの立場を想定します。そこでそれぞれの立場に立って、いかに自分たちの主張のほうがよいかをプレゼンするというロールプレイをしながらディベートをするんです。結果的に、歴史上どういう意思決定がなされたかというのは答えが出ているわけですが、これを覆すこともその中ではもちろんできます。

模擬調停も、導き出された答えにフォーカスするのではなく、導き出すまでの葛藤にフォーカスをする点が大事だと思うので、それがまさにロールプレイと適合的なのかなと思っています。

対談者

山崎 聡一郎

やまさき・そういちろう

『こども六法』著者、教育研究者、写真家、ミュージカル俳優、合同会社Art & Arts社長、慶應義塾大学SFC研究所所員。慶應義塾大学総合政策部卒業、一橋大学大学院社会学研究科修士課程修了。学部2年時より「法教育を通じたいじめ問題解決」をテーマに研究活動を開始。現在は、いじめ問題に関する研究・情報発信を行いながらミュージカル俳優としても活動。それぞれの活動で相乗効果を発揮することを目指している。

真下　なるほど。確かに、自分の中で起きている葛藤だったり、そこで出てくる言葉、あるいはそれに対する周りの反応だったり、そういうものは自分の中に残りますよね。その場で出てきたものが後から効果を持ったりもするので、最近特に大人にとってすごく有意義かもしれないと思っています。もちろん子どもにも有効だと思いますが、大人のほうが自分を振り返る時間が少ないので、より有効ではないかと感じています。

山崎　僕としては、模擬調停はセリフを与えていないのが強いんだろうと思います。セリフを与えると、読んでしまいがちですから。そこは、演劇はセリフがあることによる難しさがあるんですが、それは演劇をやろうと思っている人でなければあまり関係がないので（笑）。

加罰感情自体は否定しないことが大切

真下　いじめの問題は、理屈だけではどうにもならないことがすごく多いですよね。山崎さんは、どのあたりに気を遣いながらいじめ問題の啓発活動を行っているのでしょうか。

山崎　いじめについては、けっこういろいろなことを勉強したので、だからこそすごくいろいろなものに気を遣えるようになったという面が自分の中にはあると思います。ただ、それを人に説明するのは難しいという葛藤があります。そこを「結論がないんじゃないか」という喋り方をしてしまうと、逆に「解決策は結局何なんだ」という反感を買ってしまうので、そのバランスをどうしようというのはいつも悩むところではあります。

真下　今は、誰向けのどのような講演を軸に活動されていますか。

山崎　先日は、図書館で午前中は小学生向け、午後は一般の方向けに講演をしました。また地域主催の、子育ては終わっているけれど、その地域に住んでいて子どもの教育に興味がある人が聞きに来るような講演会だと、学校が今、どんな状況なのか、という話をしたりもします。対象者次第で、内容は全然違いますね。

真下　どのような内容を求められることが多いんですか。

山崎　やっぱり子ども対象の依頼だと、「いじめというのはこういう法律に反している」という話をしてほしいというニーズがありますね。

真下　ありますよね、そのニーズ。かなり根深いニーズだと思います。

山崎　**その要望には絶対応えません**ので、「みなさん、そう思っているかもしれませんが……」という感じでお話をすることが多いですね。

真下　悪いことをした人を「罰したい」という気持ちを持っていらっしゃる方がけっこういるようにも感じますが、聴衆からそれを感じることもありますか。

山崎　講演会で感じるというよりも、日頃から情報を入手しているなかでは感じます。たとえば、2020年6月に覚せい剤の密輸で逮捕されたスロバキア国籍の男性が、違法収集証拠で無罪になった判決が千葉地裁で出ましたが、なんで無罪なんだとネット上で多くの批判の声があがりました。法律の勉強をしていれば無罪は納得できるのですが、犯罪をしたという事実があるのに刑罰が科せられないのはどうしても納得できないということが一般的な意見であったわけです。この事例に限らず、全体的に、人々の加罰感情がとても強いなという感覚は確かにあります。

加罰感情の話は講演でも触れるんですが、その際には、**加罰感情自体を否定しないように気をつけています。**2019年に池袋で起きた暴走事故のように被害者がいる事件の場合は特にそうですが、被害者がかわいそうという気持ちが根底にあるので、正義感で言っているのはわかる、ということは伝えます。その上で、その正義感に基づく行動が、たとえば誹謗中傷や独自の制裁という形で出るのは、もう正義ではないんですよ、ということを伝えるようには心がけています。

真下　いじめに限らず、法律的なこと全般についてお話しされるんですね。

山崎　僕自身は弁護士ではないので、個別の事例にあまり深入りはしないように心がけてはいます。ただ、法律的なこと全般の話は概念的になりやすいので、それをいかに身近な例を使って説明できるかという方向が基本ですね。法的な考え方を、わかりやすく伝える、ということがベーシックになります。**何罪に当たるからだめ、という考え方だと、いじめにおいては結局ほ**

で、どうやったら助けを求められるようになるかということと、大人が助けざるを得ないような状況に子どもの立場から大人を追い込んでいくための武器として法と論理の組み立て方を育てていこうという感覚が最初は特に強くありました。そこから中身をつめていく過程でいろいろな人の話を聞いて修正していったところは多いですね。

自分が助けを求められなかったという後悔がとにかく強かったんです。家族も教育委員会も学校も担任の先生もみんないじめに気づいていたにもかかわらず、「大人は全然対応してくれない」という失望感とか不信感みたいなものが根底にあって、いかにして大人に真剣に考えてもらうか、有効な対策をとってもらうかというのを、子どもの立場から実現する方法というのが主要な関心だったんです。そこをつきつめて考えてベースをつくったのが『こども六法』だったんですが、一方で対応するためにはやっぱり大人の助けが必要になるので、あんまり敵対意識をむき出しにしても対立を生むだけだというところも、徐々に考えるようになりました。

とんどの問題が解決できないというのが実態ですから。

対立構造を生まずに子どもを救う

真下 『こども六法』の刊行や、その後のご講演などを通して、ご自身のなかで変わってきた視点や気をつけ始めたことなどはありますか。

山崎 『こども六法』をつくる過程で、いろいろな監修の先生から伺ったお話から「ここに気をつけないといけないな」と思ったことが生きている感じがします。実は、いちばん最初に『こども六法』をつくり始めたときは、ある意味「助けを求められない子はどうでもいい」という考え方だったんです。それが、そういう受け取られ方をしないように気をつけなければいけないと認識できたのは、やっぱり監修の先生方のお話があったからこそだなというのはあります。

真下 はじめは「助けを求められない子はどうでもいい」という感覚だったというのは驚きです。

山崎 『こども六法』自体、**当時いじめにあっていた自分へのプレゼントというスタンスでつくっていたの**

『こども六法』では、大人向けのあとがきを入れるなどして大人に向けてもメッセージを発信しています。

いじめの問題は「大人が解決しなければいけないんだよ」ということもきちんと伝える必要があると考えたからです。ただ、子どもたちの立場からすれば「大人の手を借りる」ことになるわけですから、伝え方はある程度マイルドにしたほうがよいと思っています。教員研修でも、先生が全然やっていないという話ではなく、がんばっているけど違う方法も必要ですよ、という形で伝えようと心がけています。

真下　自分自身の経験があるから、はじめは自分の痛みが先に出てしまって、どうしても対立構造をつくってしまいがちなんですよね。こうしてくれない大人が悪いとか、こういうふうに気づいてくれない友達が悪い、あるいは戦えない人たちも悪い、といった具合に。それが自分にそういった仕打ちをした本人ではなく、似たような立場だと自分が〝みなした〟人に向いてしまう。

『こども六法』をつくっていく過程で、多くの人たちと接することによって、対立構造を生まない大切さや、そうしたものがなくても自分の目的を達成する方法がクリアになっていったのかもしれませんね。

山崎　**結局は、子どもを救うことが最も重要な価値な**ので、いじめ問題に取り組んでいる人たちの間でもし対立構造があれば、対立が激化したりお互いの不安を煽ったりすることがないように気をつけながら、それぞれの主張を汲み取って活動するようにしています。

真下　ほんとうにこの問題は、それぞれの痛みや辛かった思い、感情などが出てきやすいので、大人も協力しあえることばかりでないこともあり、難しいですね。丁寧に扱わなければならないことが多いと感じます。講演や研修の場で、「そんなことを言うなんて」みたいなことを言われたことはありますか。

意外とみんな必要だと思っていた『こども六法』

山崎　講演や研修の場ではそんなにはありませんね。そういった場に来るいじめ問題に取り組んでいる方たちは、あんまり極端なことを言わないという印象です。ただ、ネット上で『こども六法』についてこう思う、みたいなことを書き込んでいる方の中には、たとえば「こども六法なんてものが流行ってるけど、大切なのはそんなことじゃない、やっぱり道徳が大事なんだ」とか、「法律的なものの考え方とか法律の知識を子どもに与えると、支配できなくなる、生意気になるじゃないか」という人もいます。

真下　確かに『こども六法』は多くの人に読まれているから、さまざまな意見が出てきますよね。

山崎　本を出す前は、半分くらいは『こども六法』なんて、という意見だろうと思っていたんです。でも、そういう意見は想定していたよりも遥かに少なかったです。Amazonのレビューを見ても、基本的には好意的に受け入れられているというのがメインストリームではあるので、それは著者としてはかなり意外だったところです。**みんな、意外と必要だと思っていたんだな、というのが印象としては強い**ですね。

真下　それはとてもよいことですよね。他方で、ネット上のレビューを見たときに、私は、大人が子どもに言うことをきかせる圧力としてこの本を使うのはやめてほしい、使い方を間違えないでほしい、という気持ちがすごく強くなりました。山崎さんともその点で共鳴しましたよね。このことに関して、山崎さんは講演などでどんなお話をされているんですか。

山崎　講演のひとつに「『こども六法』の使い方」というものがあって、まさに真下先生が仰ったようなことについてお話をします。あとは**今、『こども六法の使い方』という本を書いています**。真下先生にもこの後寄稿をお願いしようと思っているんですが（笑）。講演だけだと、どうしても伝えられるところは限られてくるので、**保護者や先生向けの指南書みたいなものとしてつくる予定**です。法は、使い方を間違えると非常に危ないので、法をわかりやすく説明して、法律的なものの考え方ってこういうところが大事ですよ、ということを押さえてもらえればと思っています。

真下　そこは大切なポイントですよね。『こども六法』は「六法」ですが、**「六法」って、法律を「使う」訓練を受けていないと使えないものな**んですよね。私たち弁護士は、司法試験やその後の司法修習を通して法律を「使う訓練」をひたすら行っています。実際、司法試験では、試験用の六法が全員に配付されて、それを参照しながら試験を受けるんです。「使う能力」を試される試験だからです。

でも、一般には意外とそのようには認識されていなくて、条文を知っていれば十分と思われている節があります。ですから、「使い方を間違えると危険」という視点はとても重要だと思います。確かに指南書は必要かもしれません。

『こども六法』のこだわりは「条文」

山崎　『こども六法』の使い方」の講演でも、法律を知ったから、法律違反をしている人に、「これはやっちゃだめなんだ」と言うのは間違っているということははっきり言っています。**この本の目的は、法律をちゃんと勉強している人に相談するきっかけにするために使うことだ**ということはしっかり伝えていますね。

真下　そのために法律家がいますからね。子どもにとっては、この本を読むことで知識が得られて、法的な物の見方もある程度理解できるというプラスの側面がかなり強いと思いますが、大人は気をつける必要があります。「知っていること」と「使えること」が同じだと考えてしまうのは本当に危険です。ご自身の権利保護という側面からはもちろんですが、教育という側面からも、得た知識を子どもに変に振りかざしてしまうおそれがあることには注意を払ったほうがよいと思います。

山崎　最近、「〇〇六法」という本がいろいろ出てきていますよね。『こども六法』は条文ありきの本で、法律ごとに条文を抄訳したというコンセプトなのですが、最近出てきているそういう六法は、法律の条文からは離れているなというのが印象です。条文そのものではなくて、解説書になっています。

真下　子どもに向けるものとして、『こども六法』が条文にこだわったところは、とても重要だと思います。法律を「使う」ときも、出発点は条文なので、まずは条文を参照します。ですから、**条文が「出発点」であること、条文から自分の頭で「考える」ことが大事であることの2つを理解させる意味でも、実際に法的な思考力を身につけさせるという意味でも、やはり六法は最適**だと思います。いきなり解説書から読んでしまうと、その著者の考え方が先に「正解」として入ってきてしまうんですよね。中高生、あるいは大学生くらいになれば、自分でその内容を検証できるようになりますが、子どもには少しハードルが高い。また、法学部生などにも多いのですが、理論に引っ張られて、思考がどんどん条文から離れてしまうことがあります。それでは法律を「使える」ようにはなりません。

ですから、「考えそのもの」や「正解」ではなく、まず条文という「考えるためのツール」を示すのはとても大切だと思います。条文にこだわったことの価値はかなり高いのではないでしょうか。

山崎　もともと法教育の副教材としてつくっているところもあって、できればすでにある教材の邪魔をしないようにしようというのは当初考えていたんです。解説を入れすぎると、僕のカラーが強く出てしまうので副教材として使いにくくなるなと思って。

真下　法律は、各人がどう捉えてどう使うかというのがとても大切です。教材として出すからには、そこはある程度距離をとったほうがよいというのはその通りで、その発想がすばらしいと思います。どうしても自分の考えを前面に押し出したくなってしまいますからね。

山崎　だからこそ、今度出る『こども六法の使い方』は完全に僕の本ですね。

真下　２冊セットということですよね。『こども六法の使い方』ではどのようなことを書く予定なんですか。

法律に対する認識と校則に対する認識とは重なっている

山崎　『使い方』では、法教育の基本的な価値観、考え方みたいなところを強調していくことになるので、罪刑法定主義とか自由主義というところとか、責任、行為の選択、責任主義などにけっこう触れていく感じです。対象は、基本的に法律にそれほど興味はないけれど『こども六法』は買ってくださったような方たちですので。あとは、学校の校則を法教育で使うにはどうするかとか、そんな話ですかね。

真下　校則の問題もありますよね。学校には規則がたくさんあるけれど、前提にある法的な考え方みたいなものはあまり共有されていないですよね。ほんとうは、罪刑法定主義や手続保障などへの理解なく規則をつくったり運用したりはできないはずなのだけれども、意外とそこは押さえられていません。

山崎　逆に、一般的な法律に対する認識が校則への認識と重なっているので、いろいろ問題があるんですよね。「偉い人が勝手に決めて、理不尽で、変えられないもの」という校則に対する認識が、法律に対してそのまま適用されているので。それは投票率も下がりますよね。

真下　そういう側面からも、まずは法律のイメージを変えていくことが大切でしょうね。自分たちがつくるものだし、自分たちで変えていけるという成功体験のようなものがないと、行動にも結びつかないだろうし、実感もわかないでしょうから、そこは大事ですよね。

校則を子どもたちが主体的に変えていければ、成功体験の一つになりえるので、すごく学びが多い場、学びの多い行為になっていくとは思います。ただ、先生方がそうした活動にウェルカムであるか、という点は難しいのだろうなと日々感じています。先生方に時間的にも心理的にもゆとりがないのはどうしてもネックになりますね。

とはいえ、法律に携わる者だからこそ、教育現場に持ち込める視点はかなりありますよね。法教育も基本的にはそういう考え方だと思います。山崎さんが所属しておられる「法と教育学会」は、基本は子どもに対する啓発が対象ですか。

さまざまな分野にわたる「法と教育学会」

山崎　基本は小・中・高が対象ですが、ボリュームゾーンとして中・高、特に高校生を対象としているものが厚いですね。いじめの問題に関しては中・高の実践はほとんどなくて、大学の教育学部など、これから先生になろうとしている大学生などを対象にしたものが実践事例としては多いです。

真下　何をやるんですか。

山崎　たとえば、僕が見学に行ったものだと、中学生対象の労働法関係の授業で、アルバイトに関連する法教育や、もめたときにどうやって解決するか、みたいなことをけっこうやっていたりします。学校内のいじめというよりは、将来的に受ける可能性があるパワハラやブラック労働のような「いじめ」の対処法ですね。法と教育学会には、学校の先生、弁護士、行政書士、司法書士、学童保育の職員、大学教授、法科大学院生、法学部の大学生などいろいろな人が所属しています。

真下　そういう知見の共有があると、いろいろな角度から法的視点を提供していけそうですね。

山崎　法教育の研究と枠組み構築の流れとしては、最初に海外の実践事例の研究があり、その後にたとえば体育のボール遊びの授業や、家庭科における消費者教育、社会科の憲法教育も実は法教育ですよね、というように、今までいろんな科目でしていた教育について、これも法教育でしたね、と後付けしていくような研究があって、さらにその後、学習指導要領の改訂で法教育を入れてくださいね、となりました。研究と実践が進められていく中で裁判員制度が始まって憲法の話が入ってきたり、18歳選挙権で政治教育の話をしたりと、時代に応じてはやりみたいなものがいろいろあります。法教育の界隈のなかで出た書籍のなかでは、今、『こども六法が』一応いちばん一般的に知られた教材ですが、映像も含めると、やっぱり「NHK昔話法廷」ですね。何気なく読んでいた昔話を題材に、当事者の間にある「葛藤」を議論して法的な視点から解決を目指す授業展開ができるようにつくられています。

真下　法教育の取り組みを聞くとなるほどと思いますし、とてもおもしろいなと思います。他方で、自分がやっていることは、それともまた少し違っているなと思います。普通、法律を教育現場に持っていくとなると、そうなりますよね。もちろん模擬裁判などもそうだし。一体自分が何をやっているんだろうって今改めて思いました（笑）。

山崎　法教育はもともと、いじめ問題を解決しましょうという教育ではないので、いじめを解決するという視点は実は法教育のトレンドとしてはマイナーですね。

真下　法教育では「法教育」という学術的視点から発信されているから、いろいろある枝葉の一つにいじめ問題があるという感じですよね。実は私は、自分が法教育をやっているという感覚はほとんどありません。

ただ、たとえば校則の問題も、法とは何かとか規則とは何かという問題とは不可分で、「規則は変えられる」という主権者教育にもつながってきます。それは同時に、どうやって相手を尊重するかという問題でもあります。また、消費者や労働の問題も、弱者が搾取されないためにはどうするかという視点が重要になるので、尊厳や人権の問題に帰結します。そのあたりの根本的なことが全部つながって、顕在化してくるのがいじめ問題だと思っています。

つまりいじめ問題は、学校教育という観点から見ると、一番わかりやすく実感を持って人権や個人の尊厳という価値を学べるフィールドだと思うんですよね。

だからこそ『こども六法』がヒットしたというところもあると思いますし、いじめの問題をそういう一番**根本的なことを学ぶ場として設定するというのが大事**だなと思っています。

たぶん私も山崎さんも、そういう場をつくっていこうという発想だと思います。問題解決ももちろんそうですが「そもそもそうならないように」という予防的な視点も非常に重要で、そこを先生たちと共有できるとよいと思っています。

法教育をされている先生方も、そういう問題意識は共通していらっしゃるのでしょうか。

手続保障の重要性をどう伝えるか

山崎　法教育をされている先生方の切り口は、いじめなどの身近なトラブルを解決するための力というよりは、刑事手続をどう教えるかという点に関心が強いような気がします。基本的には刑事司法の世話になる人はほとんどいないわけですが、日本では「裁判といえば刑事事件」というイメージを持っている人が多いと思います。

また、「目には目を、歯には歯を」という言葉がよく知られているように、加罰感情がやはり強いです。でも、刑罰を与えるということがいかに危うく矛盾している制度で、その矛盾を克服するためにいかにややこしい制度がつくられているのかということに理解が及ばないと、結局「加害者に優しい国、日本」みたいな話になってくるので、その辺をちゃんと教えるのは重要な課題だなと僕も思っています。これもいじめの問題と関係がないわけではないので。

真下　そのお話で過去の苦い思い出が今よみがえってきました（笑）。

新人弁護士の頃に手続保障の問題に関して、学校の先生から「生徒たちに『悪い人も守られる』というよくない学びを得てほしくない（からその点にはあえて触れなくてよい）」と言われたことがあるんです。「生徒たちにはもっと『高い次元』で生きてほしい。だから、悪いことをしても保護されるということを今は知らなくてよいと思う」と。

今であればそれほど驚きませんが、当時は頭をハンマーで殴られたようなものすごい衝撃を受けました。個人の権利や尊厳は尊くて、それを制約するからにはいろいろな手続きを経ながら力をコントロールしていかなければならないという、私たち法律家からするとごく当然で、でもとても大切なことを、「悪い人をかばうのか」に帰着させてしまうことに驚きました。私の説明が手順を飛ばしすぎたのか、だとしたら一体どこから説明していけばよかったのかと、その後の数日間、立ち直れなかったことを今でも覚えています。

そこから「そうじゃないですよ」ということをあの手この手で伝えようとしてきました。それは法教育の立場からもそうだと思いますが、消費者教育も、労働法の問題も、18歳選挙権のことも、結局は「人の尊さ」に帰着しますよね。

子どもに刑事手続を教える活動をする方が多いのは、刑事裁判は一見、「悪い人」と「善い人」というわかりやすい価値の対立があるように見えるので、そうしたところから学んでいくと入りやすいし、「人の尊さ」などの伝えたいメッセージも見せやすいということなんだろうと思います。

他方で、あまりに偏ったところで前提が共有されてしまっていることもあるので、そこをひっくり返すのはなかなか容易ではないですし、だからこそ取り組みたいという想いがより強くなるのではないでしょうか。

「遊びながら学ぶ」という視点

山崎　その「偏ったところで前提が共有されてしまっている」という感じ、とてもよくわかります。だからこそ、子どものうちからきちんと教えたいですよね。

実は『こども六法すごろく』（幻冬舎）は、そのあたりの話がたくさん入っている教材なんです。この『こども六法すごろく』は、『こども六法』をつくった次の年にはすでにできていたものなのですが、2020年6月に正式に発売されました。すごろくの形だったら、きっと入っていきやすいだろうと思って。

真下　遊びながら、というのは大事ですよね。

山崎　講演していると、大人が「犯罪者も守られる」というところに違和感を覚えるというのは、加罰意識の強さからもわかるところですが、子どもはまだそれはないので、子どものほうがかえって教えやすいです。刑罰ってなんだろうって考えるところから、刑罰には生命刑と財産刑と自由刑があって、「でも、これって人権侵害じゃないの？」と聞いてみると、「あれっ!?　そうだよね!?　いいの？」となるんですよ。

真下　大人は「人権侵害かもしれない」というところを出発点には検討できないかもしれませんね。そもそも犯罪をするような人には人権もない、とまではいかなくても、制約は「あって当然」であって、結論が「適正」であればそれほど深く考える必要はない、となってしまいがちですよね。

子どもたちはまっさらな状態だからこそ、順を追って丁寧に考えてくれるでしょうし、そうした機会を設けることはとても大事だと思います。

山崎　大人を対象にするなら、それこそ、ロールプレイングだろうと思います。

真下　法教育のみなさんや弁護士会が行っている模擬裁判もそんな感じですよね。大人向けにやってみるのもよいかもしれませんね。

山崎　「ある日あなたが突然逮捕されて裁判にかけられることになりました。身に覚えがありません」みたいなところから始まってね。証拠をいっぱいつきつけられて、そんな気がしてくる、みたいな。マスコミにすごく叩かれるとか。そういうロールプレイはぜひやってみたいですけどね。VRの映像作品としてつくってみるというのもよいかもしれませんね。

真下　おもしろいですね。体験するというのは、やはり大事ですよね。ただ、あまりやりすぎると、心身の負担が大きくなるので、一定の配慮は必要です。私が行っている模擬調停ではその点を気をつけています。

加害者や被害者などの「本人そのもの」を演じるとかなり心理的負担が大きいので、本人ではなく「その代理人」という立ち位置で設定しています。少し距離がありながら、でも「これは理不尽だ」と感じられてよいと思っています。

今、法律に限らず、たとえば障害者体験などのワークショップはけっこうありますよね。そういうものの一貫としてつくるというのもよいかもしれませんね。

山崎　やっぱり、仕掛けづくりが大事ですよね。たとえば僕が小学生くらいの頃から、車椅子に乗る体験とか、重い袋を持って階段を登ったりする妊婦さんの体験とか、アイマスクをする視覚障害者の体験とかをやっていましたが、そういうことじゃないんですよね。**不便だからかわいそう、というのではなく、マイノリティになるということが重要なんです。**

障害者体験で言うと、最近、車椅子の人用のバイキングレストランを体験するというものがあります。健常者が、車椅子を使っていないと天井が低くて不便なレストランでバイキング形式の食事をするという、健常者である自分こそがマイノリティになるという立て付けになっているんですよね。そういう形のワークショップをやりたいと思っていて、法律だったらどういうことができるかなと考えています。

最近は、それでミュージカルを一つつくってみたいなと思っています。今、真下先生と僕はしゃべっているわけですが、この「言語でのコミュニケーション」というものがマイノリティになるというものをやってみたくて。コロナ禍で、一緒に食事をしたり会議をしたりというのは、これまでは当たり前だったけど、今では一転して感染リスクのある、危険なコミュニケーションになったわけですよね。でも、昔から少数派だった手話でコミュニケーションをする方々は、これまでと変わらず対話ができます。マスクをしていなくても、声を発さないのでウイルスを飛ばすこともないですから。息を吐いたり唾を飛ばしたりして対話することが危険なコミュニケーションになるという、誰にも予想できなかったマイノリティの逆転が起きているわけです。それをミュージカルで、人前でしゃべってはいけないというのが先鋭化した世の中で、手話で対話をすることこそが安全、という価値観を前提としてつくれたら、それはおもしろい実践だなと思います。

真下　マイノリティを感じるというのはすごく大事ですよね。やっぱりマジョリティ側にいると見えない景色ってありますし、見えないからこそ「当然」あるいは「普通」だと思っていることがあって、その普通から反している人に対して残酷になったり冷たくなったりもしますから、マイノリティを体験することにはいろいろな学びがある気がします。

多様性が学べるということだけではなくて、どういうところに想像力を働かせなければいけないかとか、どういうふうにすればみんなが楽しくいられるか、というところまで感じられる可能性があるのではないでしょうか。冒頭の話にもつながってきますが、やはり体験は貴重です。本を読むだけでは対応しきれなかったり、想像力を働かせきれなかったりする分野に私たちは向き合っていると思うので、いろんなアプローチで、しかも楽しく学べる機会が提供できるとよいと思います。さきほど、仕掛けは大事とおっしゃいましたが、やり方はいろいろありますよね。何か一緒につくれたらおもしろいですね。

山崎　そうですね。何かをするときに、**ビジネスとして成功するかというところは視点として落ちがちなんですけど、僕はやっぱりそこは重要だと思っています。お金がまわらないと、継続性がなくなってしまう**ので。

真下　マネタイズは本当に継続性に関わってきますよね。特に教育の分野は、献身的な人たちが集まってくるということもあって、無償でやったり、やってもらったりすることが当たり前、という感覚が強い分野でもあると思います。しかしお金は、「あなたのやっていることには価値がありますよ」と明示する指標の一つになるので、そこを軽視しないほうがよいですね。教員の「定額働かせ放題」の問題なども、根っこにはそうした教員の専門性を軽視するような意識があると考えています。

ですから、ビジネスで成功することやお金のことも大事だということは非常によくわかります。特にいじめの問題は、向き合うのも辛いし、関わる労力も多いし、時間もどんどん取られます。関わる大人たちがただ辛いだけだと継続できませんし、よい効果も生まないと思います。

山崎　法教育も、英会話やプログラミング教室みたいに確立できたらいいなと思っています。

真下　それはいいですね！『こども六法すごろく』のように、大人も子どもも一緒に楽しく取り組めるようなものがいいですね。

今は、大人自身が癒されていないと思うんですよ。子どもの自己肯定感が弱まっていると言われていますが、大人のほうがもっと弱まっているように思います。自分が何かを変えられるとか、自分が率直に意見を言っても大丈夫だと安心安全に思える場が少ないのではないでしょうか。そういう場づくりも含めて、得られるものが多い場所をたくさんつくれると、子どもにもきっと還元されると思います。

山崎さんにとって「尊厳」とは？

真下　最後に、山崎さんが思う「尊厳」とはどのようなものでしょうか。私が教育現場のみなさんと一緒に考えたいテーマなので、ぜひ伺ってみたいです。

山崎　「尊厳」というのは、子どもたちに説明するにあたっては非常に難しい言葉だなと思っています。具体的にどこが難しいのかというと、まず、日常的には使わない言葉だというところです。あと、尊厳の「厳」の字はなぜ「厳しい」という字なんだろうと。要素として、ネガティブな意味を持っている言葉のイメージがあるので。あとは画数が非常に多いのでそれだけで難しい漢字だと子どもたちが思う心配があります。『こども六法』を書くときも、この漢字は小学生のいつ頃に習うんだろうということはけっこう調べたりしましたが（笑）、一応小学6年生で習う漢字らしいんですが。いろいろ言いましたが要するに、やっぱり**尊厳という言葉を「尊厳」という単語のままで教えるのは厳しいだろう**と思っています。

ではそれは、自分にとって何なのかと考えたときに、「何もしなくてもいい」ということかなと思います。人間って、みんな「自分ってすごい」と思いたいし、思われたいわけですが、「尊厳とは何か」というと、**「何もしなくても生きているだけですごいよ」ということなんじゃないかなと思います。**

真下　すごく大事な視点ですね。そこに焦点を当てられるような活動をしていきたいというのが私の原点でもあるので、とても腑に落ちるご説明です。

近年特に、それを言っていくことが大事だと思っています。大人も子どもも、自分が「条件付き」で愛されるとか、価値があると思っている人が多いからです。

山崎さんがおっしゃる「何もしなくても生きているだけですごいよ」ということをわかってもらうための楽しい活動や本をつくっていきたいです。一緒にがんばっていきましょう。これからもよろしくお願いいたします。

山崎　こちらこそ、よろしくお願いいたします。

【山崎さんのご著書】

『こども六法』（弘文堂）

コラム① 今の「私」から前著の「私」を振り返ってみる

前著『弁護士秘伝！ 教師もできるいじめ予防授業』を2019年3月に出版し、おかげ様でたくさんの反響をいただきました。いくつかの学校から実践のご報告などもいただき、本当に光栄でたいへん嬉しく思っています。

このように、前著に注目していただく機会が少しずつ増えてきたこともあり、先日、久しぶりに同書に目を通しました。当時の活動を私なりに精一杯書き起こしたものですから、執筆時の葛藤や感情を思い出して懐かしく感じると共に、内容自体は2年経っても今とそれほど大きく変わっていないこと、今の社会情勢においてもこの内容で特段問題ないだろうことを確認することができ、少し安心しました。

ただ他方で、「今の私だったら、ここはもう少し詳しく書くな」とか「こういう言い回しはしないな」というポイントがいくつか出てきたのも事実です。細かいものから大きなものまでさまざまあるのですが、一つ例をあげれば、「おわりに」のこの一文です。

本文中には色々記載しましたが、結局は「人に寛容になろう。個人の尊厳を傷付ける手段だけは絶対に選択しないようにしよう」という2文に尽きるように思います。（同書134頁）

同書で伝えたかったことを2文でまとめる、とても大事な箇所です。にもかかわらず、実は私はここに強い違和感を覚えました。その主な原因は「絶対に」という言葉です。

当時の私は、自戒を込めてこの言葉を書いたつもりでした。人に寛容になりたいと強く思っていたからです。そして心の底には、自分に向ける言葉だから多少厳しい言葉でも問題ない、いじめという難しい問題に向き合う以上、その程度の覚悟も必要だろうという想いがありました。

同書をお読みでない方も多いと思いますので、ここで少しだけ説明を加えます。私は、同書の第1章において、いじめの問題は、相手に「ダメ」と言うばかりではけっして解決せず、まずはそれを語る大人自身が人に寛容であることが必要と述べていました。「いじめ予防授業」でたくさんの生徒さんたちと向き合う中で、自分の不寛容さと向き合わなければならない場面に何度も何度も遭遇したからこそ述べた見解でした。

そうした経験もあって、当時私は、自分自身に対して「人に寛容である『べき』だ」と考えていたように思います。その想いが思わず表れてしまった一言が「絶対に」であるように今の私には感じられるのです。

自分に向けた「〜すべき」という概念は多くの場合、自分以外の人々にも向けてしまいます。事実、そもそも先の記載は「人に寛容になろう」という文脈のもと、人に向けられた言葉です。いじめ予防授業を受ける子どもたちに対して「個人の尊厳を傷付ける手段だけは〝絶対に〟選択してはならない」とまるで失敗が許されないかのようなメッセージを投げかけてしまっています。

しかし、現実の子どもたちは（もちろん子どもに限られませんが）、必ず失敗します。自分が選択した手段が「個人の尊厳を傷付ける手段」であるか否かは、極めてケースバイケースだからです。第三者が外から明確に線引きできるような類のものではありません。そもそも、前提となる「尊厳とは何か」という問い自体がとても深く難解で、大人でも子どもにわかりやすく明確に説明することはとても難しいでしょう。

ですから、子どもたちは、失敗しながら学びながら自分なりの感覚やスキルを習得していかなければなりません。最初から「失敗は織り込み済み」なのです。むしろ、失敗した子どもたちから順に学んでいけると言っても過言ではないくらいです。

そうであるならば、失敗を受け入れないかのような姿勢を大人が安易に見せることは、子どもたちに一方的な制限を加え、委縮させ、学びの機会を奪う可能性が高いのです。

こうした理由から私は、この「絶対に」という自分の記述を目にするたび、「寛容であるべき」という自身の想いを子どもたちにも向けてしまっていた事実に少しばかり頭を抱えたくなるのです。たった3文字、されど3文字です。

このような細かい点を気にするのには理由があります。今の私は自分や他人に向けてしまう「〜すべき」という概念を少しずつ減らす役割を担っていきたいと考えており、一般に溢れている「〜すべき」という概念にかなり注意を払っているからです。

なお、誤解のないように先に触れておきますが、けっして「言葉狩り」をしたいわけではありません。

では、なぜ「すべき」という概念に着目しているかというと、その概念を自分や他人に向けることが〝不寛容〟の道への第一歩となりうると考えているからです。

この後本文でも触れますが、一般に使われる「すべき」という言葉には、「〜した方がよい」という意味以上に「規範に従いなさい」という意味合いが強くあります。そこに相手の内心に対する配慮はありません。自分や他人に「すべき」という言葉を向けたとき、少なからず「あなたがどう思うかはさておき、黙ってこの規範に従いなさい」という意味合いが生じてしまいます。特に自分に向けた「すべき」は、自分を責める意味合いがかなり強い場合が多いでしょう。自分を責め続けている人がはたして人に優しく寛容になれるでしょうか。少なくとも私は、難しいのではないかと思うのです。

また、私が弁護士として使っている法律は規範を示すものです。その規範によって立っている限り「正しい」わけですから、振りかざすのは簡単です。「正しさ」に対する安心感も得られるでしょう。ですから、油断すると弁護士は、「すべき伝道師」になりかねないのです。

弁護士である私が学校に入っていって、不寛容の種を振りまいてしまっては教育現場にとって全くプラスになりません。そんな本末転倒な事態は避けたい。「すべき伝道師」にだけはなりたくない、というのが私の本音です。

むしろ、法律という規範を使う立場にある弁護士が自ら率先して規範を相手に押し付けないこと、「すべき」を減らしていくことが大切なのではないでしょうか。

そして、それは結果として、規範をはじめとする「力」をどのように使うか、教育現場と共に考えていく作業であると私は考えています。

第2章

子どもたちに「あなたは尊い」と伝えるために

大切なのは「何を信じるか」を自分で決めること

■「誰を守りたいか」が弁護士の信念

前章では、法律や弁護士が教育現場で〝ナマハゲ的役割〟を求められることがあることに触れましたが、それと同じかそれ以上に求められがちな役割は「〝正しい答え〟を教えてくれる人」です。「ある人がこんなことを言っているのですが、それって間違っていますよね？」といった具合です。

もちろん、法律的な観点からある程度の筋や考え方をお答えすることはできますし、それが私たち弁護士の仕事でもあります。しかし、そもそもの大前提として知っておいていただきたいのは、万人が認める〝正しい答え〟など存在しないということです。

民事裁判一つを例に取ってみても、弁護士が代理人を務めている限り、原告側の主張と被告側の主張、どちらの主張も基本的には法律上成り立つ主張です。その後、裁判所が判決を下しますが、それが〝正解〟なのかというと、そんなことはありません。実際、一審判決が二審や最高裁でひっくり返されるなどということは多々あります。仮に最高裁の判決であっても、多くの法学者から批判を受けるものもありますし、裁判官の間で意見が割れて「反対意見」や「補足意見」が付く場合も数多くあります。

これは、悲しいかな「ある程度の理屈は後からどうにでもなってしまう」ことを裏付ける事実でもあります。私たち弁護士は経験上、この事実を痛いほど知っています。守りたい依頼者がいて、こちら側こそが法的に〝正しい〟と信じて訴訟提起したにもかかわらず、裁判所に受け入れられない経験を誰しもがするからです。だからこそ、弁護士は守りたい人を守ることができる確率を少しでも上げるために日々研鑽を積んでいるわけです。

ただここで重要なのは、弁護士は、依頼者の主張が「１００％正しい」という保証があるから依頼者を守っているわけではない、ということです。こちら側の主張がいつも〝正しい〟というお墨付きをもらえるわけではありません。むしろ、「絶対に勝てる」などと確信できることなどまずありません。本人の主張に対応する証拠がうまく揃わないことも多々あります。

それでもなぜ弁護士が依頼者を守ることができるかというと、究極的には「守りたいと思えるから」なのです。そして、誰を守りたいと思うのか、という点が弁護士それぞれの信念であり、矜持であり、正義感です。けっして、「義務だから」とか「そうすることが〝良し〟とされているから」ということではありません。冤罪事件の弁護などは時に世間から冷たい目を向けられることもありますが、それでも弁護士が職務を全うできるのは、「守りたい」と思う自分を信じる強さがあるからです。

■行動基準を他者に委ねることの弊害

他方、自分の感覚や感情ではなく、「みんなが〝良い〟と言いそうなこと」を行動基準にするのは簡単です。誰かから異論を唱えられることもほとんどありません。

しかし、それは自分の行動基準を自分自身ではなく他者に委ねるのに近いのです。声の大きい人や〝権威〟と思われる人に「これが正しいんだよ」とか「あなたは間違っているよ」などと言われてしまえば、それまで「正しい」と思っていたことが途端に揺らいでしまうでしょう。言われて覚えた違和感すら「間違っていた自分は恥ずかしい」などと、なかったことにしてしまうかもしれません。

自分の感覚や感情を信じられないということは、自分を信じられないということでもあります。自分を信じられなければ、いかなる理屈も立てることはできませんし、物事も達成できません。まず自分を信じることがとても大切なのです。

ですから、子どもたちには多くの人が考える〝正解〟ばかりに気を取られるのではなく、何を正しいと〝信じるか〟を自分自身で選び、それを自分なりに検証していける人になってほしいと思っています。私は教育者ではありませんので、私にできることなどごくごく限られてはいるのですが、少しでもそうした教育に役立ちたいと思いながら、日々活動しているのです。

「正解のない問題」と「すべき」

■「正しい答え」を求める世の中

私が第2章の冒頭で、こうしたことに触れた理由は、近年「〝正しい答え〟をさっさと知って、他人と面倒なコミュニケーションを取ったり、考えたりすることから解放されたい」という要望が潜在的にとても増えているように感じるからです。第1章で取り上げた『こども六法』の使い方に関する大人の反応もその例の一つかもしれません。

他方、ＡＩがどんどん進化していく昨今、世界では、正解のない問題にこそじっくり向き合い、自分なりに解決できる人材が求められています。そうした流れを受けて、日本でも学習指導要領が改訂され、「主体的・対話的で深い学び」の重要性が叫ばれています。

しかし、そのような状況下で外部者として学校に関わっていると、そうした文部科学省の理想を実現できる学校がどれくらいあるのか疑問に思うときがあるのです。今の学校は子ども側も先生側も保護者側もあまりに「すべき」が多いからです。

■「すべき」と「したい」

コラム①でも触れましたが、「〜すべき」という概念は、「〜した方がよい」という意味以上に「この規範に従いなさい」という意味合いが強くあります。そこに相手の事情や内心に対する配慮は全くなく、外側から相手の行動を制約する力が働きます。

これに対して、「〜したい」は、自身の内心からわき起こる動機です。そして、これから教育現場で求められる「主体性」とは、この自身の内心や意思に基づき、自身の判断で行動することをいいます。

つまり、「すべき」が個人の行動を外側から制約する力である一方、「したい」は個人の内側から外側に向けていく力であり、両者は全く真逆のベクトルであるということです（**図4**）。そうであるならば、「すべき」が多い環境で「したい」（主体性）を育

図4「したい」と「すべき」のイメージ

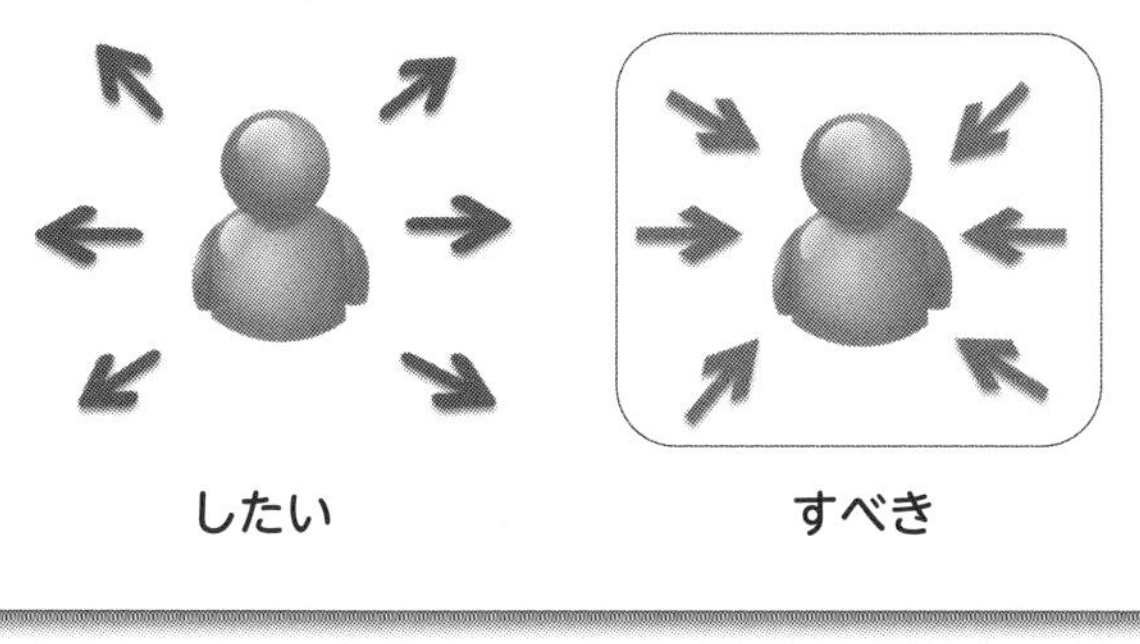

てるのはかなり困難でしょう。「すべき」が優位であればあるほど、「したい」は委縮していくからです。

後ほど「すべき」といじめとの関係性のところでも触れますが、子どもたちは「すべき」に従うことに慣れれば慣れるほど、自分の「したい」を感じられなくなり、自分の頭で考えることをやめてしまいます。考えたところで〝結果〟は変わらないと諦める癖がついてしまうのかもしれません。

■「すべき」で縛ることで低下する子どもの自己肯定感

たとえば、私はキャリア教育の講演等で、弁護士の仕事の紹介の他、勉強に関する話もします。そこで触れる内容は、「勉強は自己実現のためや、社会の中での存在感を高めるためのツールにすぎない。自分が主で勉強が従。勉強せずに遊んでしまったからといって、自分を責めて、自分で自分の価値を下げるようなことをしてしまっては本末転倒。自己嫌悪に陥っている時間ももったいないので、切り替えてその時間こそ勉強に回そう」という趣旨のものです。

そうすると、弁護士に関する話の感想以上にその話への感想が多数寄せられます。そして、そのほとんどが「親や先生が『勉強しなさい』と言うから言うことをきいていましたが、なぜ勉強するかを考えたことはありませんでした」とか「僕（私）はこれまで、自分よりも勉強の方がずっと大事だと思っていました。勉強が自分にとってツールだったなんて知りませんでした」というものなのです。時には「今まで机に向かえない自分が大嫌いで責め続けてきました。自分を責め過ぎなくてもよいとわかり、感動して泣きました」といった感想が寄せられることもあります。

新型コロナウイルスの影響で学校が全国的に休校になったとき、多くの学校が子どもたちの学びの機会を失わせないために必死に対応していました。自身の感染の恐怖とも戦いながら、子どもたちのために尽力されていた先生方の姿には本当に頭の下がる思いでした。

ただ、同時に、多くの学校で「自主的に学べる子」と「学べない子」が存在すること、そしてむしろ「学べない子」の方がより多いことが可視化されてしまったのも事実でしょう。たくさんの宿題を出すことで子どもを管理するのではなく（そのような親のニーズに応えるのではなく）、子どもの勉強したい気持ちを引き出すことがより重要であると、さまざまな媒体で発信する教員や教育関係者もかなり増えました。

また、先の「自分を責め過ぎなくてよいとわかって感動した」という趣旨の感想などからもわかるように、子どもを「すべき」で縛ってしまうことは、子どもの自己肯定感を削ります。一般に、日本の子どもたちは自己肯定感が低いなどと言われていますが、私の体感としてもそう感じます。自己肯定感が低いゆえに衝突や困難を避け、「波風立てずに多数派に従っていたい」という気持ちがかなり強いことが、いじめ予防授業中の発言にも顕著に表れています。

前節でも触れましたが、残念ながら１００％安全な道などこの世には存在しません。また、何を信じ、どう生きるかは親でも先生でもなく、自分の頭で考えて自分で選択していくしかありません。自分を信じられない人は自分の人生という「正解のない問題」に向き合えないのです。「問題」を入試という狭義の意味での「問題」に置き換えたとしても同じでしょう。

ですから、子どもの主体性を育むことを重視するのであれば、まずは少しずつ「すべき」を教育現場から減らしていくことが極めて大切だと考えています。

「いじめ予防授業」とは

■いじめ予防授業の目標

次節以降、私がいじめ予防授業で経験してきたことをご紹介するため、ここでいじめ予防授業の概要に触れておきます。

第1章で述べた通り、私のいじめ予防授業は、子ども、教員（学校）、保護者の三者に共通認識を形成する（団子の串を通す）役割の一端を担うことを目的にしています。あらかじめ「いじめ」に対する考え方を共有できていれば、有事の際の無用な感情的対立を減らせるからです。

また、授業の具体的な獲得目標は、いじめ防止法がいじめの早期発見と重大化防止を目的としていることに鑑み、早期にいじめに「気づける」子どもと、気づいた後に何らかの形で「動ける」子どもを増やすことにしています。そして、リスク管理の観点から、「動く」の選択肢の中には、

【いじめ予防授業の概要】

〈1年目〉
・DVDの貸し借りの事例を用いて、いじめの定義を学ぶ
〈2年目〉
・合唱コンクールの練習でのトラブルの事例を用いて、いじめの四層構造を学ぶ
〈3年目〉
・友達をかばった生徒がいじめられてしまう事例を用いて、具体的な行動を検討し、中立の概念を学ぶ
〈4年目〉
・模擬調停による実践。具体的な行動と中立の概念を再度学ぶ

必ず「教員に対して情報を上げること」を入れるようにしています。

一般に「傍観者もいじめに加担しているのと同じ」という理念のもと、被害者をかばう「仲裁者」がよいとされる傾向にあります。その理念自体は全くその通りなのですが、状況を打開する手段は一つではありません。むしろ、被害者を表立ってかばうことは子どもたちにとってかなりハードルが高い行為です。対応を誤れば、十中八九自分が次の標的になるからです。そのことを経験則上理解している子どもたちは、たとえ授業中にどのような〝正しい〟発言を行っていたとしても、実際にはまず動きません。動きたくても動けないというのが正直なところでしょう。

ですから、「それができたらすばらしい。でも、できない人でも自分にできる範囲で少しずつ動くことが大切。先生に伝えられそうだったら、こっそり先生に伝えてね」といった形で必ず他の手段にも触れるようにしています。

なお、「動く」ことの重要性や、仲裁者や通報者以外の他の役割（スイッチャー、シェルター）等に関することについては、前著に詳しく述べましたので、ご興味がある方はご参照ください。

■子どもたちの本音が見える事例

また、同書でも触れましたが、授業の目的が「いじめをなくすこと」ではないことを念のためにここでも強調しておきます。保護者などから、「いじめ予防授業に効果はあるのか？」といった質問を受ける学校もあると聞きますが、そこでいう「効果」が「いじめの件数が減ること」を指しているのであれば、「おそらくそうした効果はあまりない」と言わざるを得ないでしょう。なぜならば、前述の通り、いじめをなくすには子どもたちが抱えるストレスを取り除くなど、ストレッサーをなくす環境的配慮が必要であり、1年に1度程度しか学校に来ない弁護士の授業だけでは困難だからです。

むしろ、弁護士の授業にしろ、教員による授業にしろ、「授業をしているから安心」ではないことをしっかりと認識しておくことがとても大切です。事実、いじめ防止法制定の契機となった2011年の大津事件に関する第三者委員会は、事件の発生した学校が文部科学省の「道徳教育実践推進事業」の指定校であったことを受け、いじめ対策としての道徳教育や命の教育についてはその〝限界〟を認識することが重要であることを調査報告書に「いじめ防止教育（道徳教育）の限界」という節を設けてまで指摘しています。

そうした前提のもと、私がいじめ予防授業で扱っているのは、いわゆる重大事件ではなく、日常の些細なすれ違いを描いた事例です。たとえば、DVDの貸し借りがきっかけで仲間はずれにされてしまう事例や、合唱コンクールの練習に遅刻してしまう子がいじめられてしまうといった内容です。どれも身近に起きそうな事例であるからこそ、子どもたちの本音がよく見えてきます。

子どもたちと考える「尊厳」

■「いじめ」とはどのようなものか

私がこうした日常の些細なすれ違いを題材に選ぶのには概ね3つの理由があります。①身近な事例の方が〝自分ごと〟として考えられるから、②身近な事例について法的な視点を学べた方が日常生活で生かせるから、③自分や友達の「尊厳」に向き合ってほしいから。どれも大切な理由ですが、私が最も重視しているのは③です。

一般に、「大事な命が失われるからいじめをやってはいけない」と言われます。そして、多くの大人たちが子どもの頃のひどい被害体験を告白したり、いじめがいかに重大な結果を招くかを語ったりします。それ自体はとても大切なことですし、それによって救われる人も多いでしょう。子どもたちも「自分は絶対にいじめなどしない」と強く決心するかもしれません。

しかし、そこで言われている「いじめ」とはどんなものでしょう。「命が失われるほど追い込むようなひどいいじめ」ではないでしょうか。いじめをやってはいけない理由を「命が失われるから」としてしまうと、多くの人が経験する「命が失われない程度のいじめ」が途端に霞んでしまいます。

事実、子どもたちの多くは「ひどい暴力を受けてはじめていじめ」「自分に全く落ち度がないのにされるのがいじめ」「クラスの８割程度から無視されるのがいじめ。グループ数名から無視された程度ではいじめではない」「相手が死ぬまでやってしまったらいじめ」などと考えており、重大なものでなければいじめではないというイメージが根強くあります。

また、どの行為をどの程度「辛い」と感じるかは人それぞれ違うのに、周囲の人たちが勝手に「その程度のことはいじめとは言わない。自分はもっと辛い目に遭った」とか「そのくらい我慢できないと社会ではやっていけない」などと、その辛さを否定してしまうこともよくあります。

■人の尊厳を傷つけるから、いじめをやってはいけない

これまで何度も述べてきた通り、人の感覚や感情は個人の人格や尊厳を支える重要な要素ですから、こうした周囲の対応が子どもをいかに追い込んでしまうかは想像に難くありません。ましてや、子どもたちの中には「自分よりも勉強の方がずっと大事だと思っていた」などと言うほど、自分の尊さを信じられない子どもが一定数いるのです。

ですから、いじめ予防授業において、いじめが人の尊厳を傷つけるからやってはいけないこと（いじめ防止法1条参照）を明示し、私たちの尊厳が〝尊い〟ことに向き合う機会をつくることは非常に大切だと考えています。

なお、2017年に登壇したTEDxHimi2017（「いじめを語る上で大人が向き合うべき大切なこと」https://youtu.be/3C8F-Z1gkeE）*において、「いじめ」と「尊厳」の関係性をわかりやすく解説しています。「いじめの定義」にも触れていますので、ご興味のある方はぜひご参照ください。

たびたび遭遇する「価値の逆転現象」

■学校での「マスクの色指定」

新型コロナウイルスの陽性者が日本でも出始め、世の中から突然マスクが消え去った2020年2月、ある学校の先生がこんな愚痴を私にこぼしました。

「今日、職員会議で生徒のマスクの色が議論になりました。白以外は禁止にすべきだと強弁する教

＊TEDxHimi2017QR

員が複数いて、その件だけで30分以上。結局結論は出ませんでした。マスクの色などどうでもよいと思う自分は全くついていけませんでした」。

なぜ白以外を禁止したいのかその理由を尋ねてみたところ、その先生は「結局、よくわかりません。でも、少なくとも黒は〝抑圧的な色〟だと言うんです」と言うのです。その時は変わった先生がいる学校もあるものだとかなり驚いたのですが、4月頃になって「マスクの色指定」を行う学校が複数あるとインターネット上でも話題になり、この問題が特殊ケースではなかったことにさらに驚きました。

当時、マスクの入手はかなり困難でした。少なくとも都内のドラッグストアには全く置かれていませんでしたし、インターネット上でも50枚入りの不織布マスクが一万円近い値段で売られているような状況でした。手作りマスクなどもまだ全く普及していませんでした。また何より、医療従事者にすらマスクが行き渡っていなかったのです。そのため、マスク不足はかなり深刻で、日々報道で取り上げられるなど、とても問題視されていました。このような状況での色指定ですから、白以外を入手できなかった子どもには「マスクをつけるな」と言っているに等しい状況だったと思います。

■子どもの権利を制約することの意味

なお、念のために先に触れておきますが、この件を「違法か違法でないか」という観点から論じるのはやや困難です。個人的には違法であると述べたいところですが、そう断定できるような裁判例はありません。想定したくない事態ですが、仮にマスクの色指定によりマスクをして登校できなかった子どもが新型コロナウイルスに感染し、重大な後遺障害を負ってしまった場合などは、訴訟になる可能性は十分あります。しかし、そうした事態でもない限り、この事例が司法の判断を仰ぐ機会はないでしょう。

私は、教員のみなさんに「違法か否か」の判断ができるようになってほしいなどとは全く思っていません。たとえ裁判所が違法と認定しなかったとしても、子どもの教育のためにやらないほうがよいことなどいくらでもあるからです。

子どもの権利を制約するには、それを制約するに足る十分な根拠が必要です。これは法的な観点からして当然ですが、私は教育という側面からもとても大切だと考えています。制限しているその〝価値〟を大人がどう評価しているかを子どもに伝えるに等しいからです。十分な根拠に基づく制約であれば、「あなたの持つその価値は〝尊い〟」というメッセージになりますし、根拠を十分に説明できないような制約であれば「あなたの持つその価値は〝その程度〟」というメッセージになります。安易な制約は子どもが本来持っている尊い価値を損なうのです。

■最優先される価値とは？

さて、そうした前提のもと、ここで向き合いたい〝価値〟ですが、ここでは2つの価値が対立しています。子ども側の利益と教員（学校）側の利益です。子ども側の「したい」と教員側の「したい」の衝突と言い換えてもよいかもしれません。

そして、マスクの色が指定されることにより、子ども側が制約される利益は、新型コロナウイルスから身を守るという心身の安全です。他方、教員側の利益は何でしょう。色指定したい理由を説明してもらわないと憶測になってしまいますが、おそらく「子どもの見た目が小・中・高校生らしくなくなる」とか「マスクに着目したからかい等、何らかのトラブルが生じるおそれがある」等、子どもを管理する利益でしょう。確かに、子どもを管理する利益も教員の教育の自由や学校の施設管理権などの観点からある程度は認められると思います。

しかしながら、これら教員や学校側の利益は、あくまで子どもの安全を確保するため、または十分に確保された状況においてこそ認められるもので、無制限に認められるものではありません。少なくとも、子どもの安全を脅かす可能性のある「管理したい」には極めて慎重にならなければなりません。

なお、当然ながら、色指定を生徒指導の延長と位置づけ、色指定が「子どもの利益になる」という何らかの理屈もあると思います。ただ、少なくともこの件に関しては、その理屈で論じるのはかなり困難だろうというのが私の見解です。その理屈を立てるのであれば、新型コロナウイルスという脅威を上回る脅威が色マスクに必要になるからです。

この件では、子どもの心身の安全が最も優先される価値であることは明らかで、色指定を行うことは、子どもの安全よりも管理等の大人の都合を優先させるということです。「あなたの心身の安全は、大人の目から見て〝子どもらしくあること〟と同価値です」と言っているに近いのです。

私は、教育現場におけるこうした現象を〝価値の逆転現象〟と呼んでいます。本来尊重されるはずの価値が尊重されず、他の利益の方が何らかの理由で優先されるか、同等の価値とみなされてしまっています。

実はこうした現象は、この件に限らずたびたび教育現場で遭遇するものです。次節では、いじめ予防授業で遭遇しやすいこうした現象に触れたいと思います。

「価値の逆転現象」と「どちらも悪い」

■最も多い「どちらも悪い」という意見

私の行ういじめ予防授業では、１回目に「友達から借りたＤＶＤに傷を付けて返してしまった子が、その友達を含むグループの子たちから仲間はずれにされる」という事例を用いていじめの定義を学びます。前述の通り、いじめのイメージは個々人で異なるため、そのイメージを最初に揃えることを主な目的としています。

この事例を子どもたちに示したときに最も多い意見が、「いじめる方も悪いけれど、借り物に傷を付けた方も悪い」というものです。また、（最近は少し減った印象ですが）教員側からも「この事例の登場人物は全員が悪いですね。借り物は大切に扱うべきです」という意見が出てくることがあります。こうした意見が出ること自体はごく自然であり、気持ちがわからないわけではないのですが、こうした意見の危険性も同時に知っておいてほしいと思います。

まずそもそも、人を仲間はずれにして相手に「心身の苦痛」（いじめ防止法２条１項）を与える行為は、法律上の「いじめ」にあたります。人を仲間はずれにする行為は人の尊厳を傷つける行為である、ということです。

そして、この仲間はずれにした子どもたちには、他にこの問題を解決する手段がたくさんありました。本人と直接話し合ったり、信頼できる人に仲介してもらったり、自分の気持ちが収まるまで少し時間をおいたりするなどです。そうした手段を取ることなく、「相手の尊厳を傷つける手段」をあえて選択しています。その「手段の選択」が問題なのです。大事なＤＶＤを傷つけられて怒ったことでも、ひどいことをされた友達に共感したことでもありません。問題なのは、その「選択」だけです。

■「どちらも悪い」の危険性

その上で「どちらも悪い」と論じることには、３つの弊害があります。まず、①この事例では、被害者側に「借り物に傷を付けた」という加害者視点でいうところの〝落ち度〟があります。そのため、加害者側は自分たちの行為を〝正しい〟と信じている可能性が高いのです。「どちらも悪い」とすることは、加害者側の行為を一定程度正当化する効果を生みます。「ほら、あっちもかなり悪いでしょ？私たちはそれほど悪くないのよ」といった具合です。そうすると、この問題は解決しないばかりか、むしろエスカレートする可能性すらあり、とても危険です。

次に、②加害者側が「他の手段」を学習する機会を失います。先に述べた通り、この事例で最も問題なのは、加害者側の「手段の選択」なのです。そこを加害者側が認識できないまま問題を解決してしまうと、加害者側が他の手段を検討することができません。むしろ、仲間はずれ等の「力」を使う問題解決が成功体験になってしまいます。大人になってもこうした手段を用いて問題を解決しようとしてしまう人がおり、そうした人たちは「ハラスメントを行った」ということで私たち弁護士から責められたり、世話になったりする立場になる可能性があります。私は子どもたちにそうした大人にだけはなってほしくありません。

学校は「手段の選択」を学ぶ場です。子どもの頃にそれを学べるか学べないかによって、大人になってから大きな差が生まれます。

最後は、③個人の尊厳の軽視につながります。そして、もちろん私はこの点を最も重視しています。加害者側が毀損した価値が被害者の尊厳であることは先に触れた通りです。他方、被害者側が毀損したものはDVDであり、加害者の財産権です。財産権は、新品を買い替えるなどして究極的にはお金でその価値を回復できますが、人の尊厳（財産権と対比させて「人格権」と言い換えることもできます）はそうはいきません。事実、物を毀損されたことで心が傷ついたといって慰謝料請求をしたとしても、親の形見等のよほどの物でない限り、原則としてその請求は認められません。お金が支払われることで十分に権利が回復されると考えるからです。ですから、法的には、財産権と人の尊厳・人格権とでは、お金で価値を十分に回復できない後者の方がより重いと考えられています。

「どちらも悪い」と論じることは、被害者側に対して「あなたの尊厳はDVDと同価値です（正確には、尊厳・人格権に付いた傷の程度と、傷によって下がったDVDの価値（おそらく数百円程度）が同価値）」と言っているに等しいのです。

「すべき」と学習機会の喪失

■相手に押し付ける「すべき」は自分の無自覚の「したい」

前節では、仲間はずれを行ったことの問題点は、問題解決手段の「選択」にあり、学校はこうした手段の選択を学ぶ場であると述べました。また、こうしたことを学べなかった子どもたちが、社会に出てから何らかのハラスメントを行ってしまうおそれがあることも指摘しました。そうした子どもたちは、自分にとって不都合な人に遭遇したときに、その人を排除したり、その尊厳を傷つけて自分の〝下〟に置こうとしたりしてしまいます。そうした「力」を使ったコミュニケーションが当たり前になってしまっているからです。また、相手に対して害意はなくともそうしたコミュニケーションが習慣として染みついてしまっている場合もあるでしょう。

何らかのハラスメントを行ってしまう人たちは、多くの場合、「力」に頼ったコミュニケーションを行っています。相手の事情や意向に耳を傾けないまま、「部下なのだから、これくらいやって当然」とか「稼げない専業主婦は、家事くらい人の手を借りるな」とか「後輩なのに先輩の手を煩わせるのか」などと言って相手を従わせようとしてしまいます。

そして、こうした言説を支えている概念が「すべき」です。この場合で言えば「部下は上司に従うべき」「専業主婦は家事を完璧にこなすべき」「後輩は先輩に気を遣うべき」などといったところでしょう。本当は、「部下にはこのように動いてほしい」「将来の貯蓄のためにも業者を頼ることなく家事を行ってほしい」「自分を先輩として敬ってほしい」という自身の「したい」があるはずなのですが、それを自覚できないため、あたかも自分の意見が一般的に正しいことかのように「すべき」を相手に押し付けてしまうのです。

しかし、冷静に考えてみればわかる通り、その場には「あなた」と「私」しかいません。「あなた」でも「私」でもない「誰か」がつくった規範（何の根拠もない場合もある）を振りかざしても、誰もどちらが正しいかを「判定」してはくれません。私たちの日常生活には「審判」も「裁判官」も存在しないのです。ですから、安易な規範の振りかざしは、「あなた」と「私」の間に無用な対立軸をつくり、たくさんの「納得できない敗者たち」を生み出すだけです。

大切なのは、どちらの言い分が正しいかとか常識的かということではありません。「私」が「あなた」に何をして「ほしい」かを真摯に伝えることです。客観的な言い分の正しさよりも、なぜ「私」がそれを正しいと考え、その「正しさ」を実現するために「あなた」の協力がどうして必要だと考えるのか、ということの方がよほど大切です。

■学校で強化される「力を振りかざすコミュニケーション」

ところが、こうした「すべき」を振りかざす力のコミュニケーションは、子ども時代からすでに始まっており、場合によっては学校でより強化されてしまっていることもあるように思います。少なくとも、私はそれを実感する場面にこれまで幾度となく直面してきました。

そのわかりやすい例として、私の行ういじめ予防授業全4回のうち、いじめの四層構造を学ぶ2回目の授業を少しご紹介します。使用する事例は、合唱コンクールの朝練で毎回遅刻してくる生徒がクラスのみんなから変なあだ名をつけられたり、無視されたりするというものです。いじめの定義は第一回で学んでいるので、こうした行為が法律上の「いじめ」に該当すること自体は一応理解してもらえます。しかし、その結論に納得できるかどうかは全く別の問題です。授業日が実際の合唱コンクールの練習期間中であることなども多く、感情的な反発をかなり受けることもあって、全４回の中で最も手ごわい授業と言えるかもしれません。

さて、そうした授業において最も出やすい意見が「みんなで朝練をやると決めた以上はきちんと従うべき」「遅刻はすべきでない」というものです。そして、「だからいじめではない」とか「いじめられても仕方ない」といった結論になります。「決まりは決まりでしょう？　守れない人が排除されるのは当然。それの何が悪いの？」といった具合です。こうした意見が出ること自体は全く問題ありません。そもそも、このような意見を素直に出してほしくて事例設定を行い、授業の雰囲気をつくっています。

むしろここで着目したいのは、こうした意見を強く持つ生徒は、思いつく問題解決手段のバリエーションが極めて少ない傾向にあるということです。多くの場合、「遅刻する人が悪い。だから遅刻をやめさせるしかない」というところで思考が止まってしまいます。「クラスがこうした状況に陥らないためにみんなでどうするか」という、いじめの根本的な解決方法までは深く考えられません。検討する必要性もあまり感じないのでしょう。そのため、同じ事例を検討しても、「すべき」に縛られている子どもとそうでない子どもとでは、思いつく解決手段の数、着眼点、思考の幅などが全く異なるのです。

なお、彼ら彼女らに「もし同じ理由で、同じように自分がいじめられたらどう思いますか」と尋ねると、その多くがやや誇らしげに「自分が悪いので我慢します」と答えます。

つまり、一部の子どもにとっては、自分自身やその友達の人格や尊厳よりもその「すべきこと」の方が重いのです。自分がその「すべき」にきちんと従っていることがアイデンティティの大きな部分を占めているようです。だからこそ、「すべき」に従わないことが十分にいじめの理由になるのでしょう。「私も従っているんだから、あなたも従いなさい。自分だけ従わないのが許されるなんてずるい」というわけです。

■「すべき」の信念で攻撃する「自粛警察」

近年、新型コロナウイルスの影響で「自粛警察」という存在が注目されました。緊急事態宣言発令後の自粛期間中、夜遅くまで営業していた飲食店に対して営業をやめるよう張り紙をしたり、県外のナンバープレートの自動車に傷を付けたりする人々が登場したのです。そうした事案の中には、遅くまで営業しているということ自体が誤解であったり、県外のナンバープレートを付けているものの、生活の実態はほぼ県内の人が所有する自動車であったりしたものもありました。つまり、相手の事情や状況を何ら確認することなく、一方的な思い込みと自身の「自粛すべき」という信念だけで相手を攻撃していたのです。

しかし、何度も述べる通り、法や規則をはじめとするルールは、私たちが互いを個人として尊重し合いながら生きるためにあるのです。「決まりは決まり」と振りかざして誰かを不当に排除したり、抑圧したりするためにあるわけではありません。ですから、朝練するという〝決まり〟が「いじめてよい理由」になることなどあり得ませんし、都道府県知事による自粛要請が誰かの尊厳を傷つける根拠になることがあってはならないのです（そもそも、法治国家である私たちの国では、法に基づかずに行われる個人の自力救済は禁止されています。自粛警察は自力救済にすら位置づけられないかもしれませんが)。

■「尊重される経験」の乏しさによる「個人の尊厳」の軽視

私は、先の子どもたちの感覚とこうした大人たちの感覚には程度の差こそあれ共通している部分があると感じます。「全体の利益」の前では「個人の尊厳」など軽んじられて当然という感覚です。「なぜたった一人のためにみんなが迷惑しなければならないのだ。そんなワガママは許されない」という「個人を尊重すること」に対する憎しみにも似た感情です。他方で、全体に奉仕した個人を特別大切に扱うようなこともしません。何かあれば「自己責任」といって排除し、さらに全体の秩序を維持しようとします。個人のために全体を変えようという発想自体がほとんどありません。

こうした傾向の原因については、さまざまな方面から考察を加えることができると思いますが、私個人としては、シンプルに「成功体験があまりないから」なのではないかと考えています。つまり、たとえ小さなコミュニティであったとしても、そこにいる人たちから個人として尊重された経験が著しく乏しいのではないでしょうか。

大人からも社会からも「人に迷惑をかけるべきではない」と教えられているため（先人のその教え自体は美しいとは思いますが）、自分のものであれ他者のものであれ、個人的な事情は「迷惑」だと認識しているのかもしれません。「困ったときはお互いさま」という精神すらも、当事者が決めたわけではない一定の枠のなかでだけ発動されるものになりがちです。「そうは言うけど、『常識の範囲』

ってあるよね。そこはわきまえてね」というように。

そのため、そこにいる「あなた」でも「私」でもない誰かのつくった「常識」や「普通」ばかりをいつも意識し、そこからはみださないように自制しています。「私がこれをやったらあなたは迷惑か」と一言尋ねれば済む話であっても、ネットの掲示板などに「相手にこんな要求をする私はワガママでしょうか」などと質問を書き込んだりするのです。それだけ自制していれば、相手にも自制を求めたくもなります。

しかし、それを当然としてしまっては「あなた」や「私」という個人は消えていくばかりです。個人として尊重される経験も、尊重する訓練も意識的に行っていくことができません。

ですから、私は、子どもたちには「個人が尊重される環境」を可能な限りたくさん確保してほしいと考えているのです。そして、それが学校や教室であればよりよいと思っています。

「私」が尊重されないと「あなた」も尊重できない

■ 決まりを守らないと、「みんな」が迷惑する?

前述の通り、前節の合唱コンクールの事例の際、私は折に触れて「法や規則というルールは、私たちが個人として互いを尊重し合いながら生きるためにある」という原則を説明するようにしています。

ある時、そうした説明を聞いた上でなお、「でも決まりは守るべきですよね。そうしないとやりたい放題の人たちが出てきて、みんなの迷惑になります」と授業後に粘ってきた生徒さんがいました。

一生懸命そう主張する姿に好感を持ちながら、その動機に興味を持った私は、その生徒さんの話を詳しく聞いてみました。すると、彼女はそのクラスの実際の合唱コンクールの指揮者で、クラスのうち数名が自分の「したいこと」ばかりを優先し、自分に従ってくれないと言うのです。さらに聞いていると、足並みを乱すその子たちのせいでさまざまなタスクや負担が彼女のところに回ってきてとても辛いと、途中から泣き始めてしまいました。一人でクラスをまとめなければならない重圧が、彼女を苦しめているようでした。

そんな彼女の姿を見ていてまず感じたのが、「自分は尊重されていない！」という圧倒的な不満と悲しみです。いくら私が「相手を尊重しましょう」などと言っても届かないわけです。「私」が尊重されていないと感じているのに、「あなた」を尊重できるはずがないからです。むしろ、私の言葉は彼女にとって、新たな「すべき（人を尊重すべき）」として届いてしまったのでしょう。

他方で同時に感じたのは、彼女自身が自分を尊重できていないということです。「リーダーは、みんなのために我慢すべき」とか「人に頼るべきではない」とか「舐められるべきではない」といったリーダーとしての「すべき」にとらわれ、自分の「したい」に正面から向き合えていないように感じました。本当は、みんなが迷惑するのではなく「私が迷惑している」という話のはずです。主語を「みんな」にすると説得力が増すようにも感じられますが、それは主語を大きくして同調圧力を使っているにすぎません。そして、そうする方が自分と向き合う作業を省略することができるため、簡単で労力も少ないのです。その結果、自分を尊重することから目をそむけたまま、「力」を使うことばかりにこだわるようになっていきます。

■主語を「私」にして自分の「してほしい」を伝える

しかし、こうした形で「力」を使うということは、相手のことも尊重しないということですから、多くの場合、相手にも納得してもらえません。人を動かせなければ、結果も出せませんから、みんなから信頼される「リーダー」からはどんどん離れていきます。皮肉なことに、リーダーに関する誤った「すべき」にこだわればこだわるほど、本当の意味の「リーダー」からはかけ離れていくのです。

ですから、今の彼女には、まず主語を「私」にして自分と向き合うこと、「勝手なことをされると私がこれだけ迷惑する。だからそういうことはしないでほしい」と相手に丁寧に伝えること、周りの人たちにも「このように困っているから協力してほしい」と伝えていくこと、その勇気とスキルが最低限必要だと私は思いました。

そもそも、「しないでほしい」と伝えることは、「私は嫌だと思っている」という内心の吐露と「行動をやめてくれ」という依頼を同時に伝えるということです。依頼は相手に行動を求める行為ですから、納得を得るための説明が必要になります。この場合は「嫌だ」と思う理由の説明です。つまり、「すべきでない」ではなく「しないでほしい」と伝えることによって、こちらの内心を吐露し、その理由を説明する機会を得るわけです。

たとえば私はいじめ予防授業において、子どもたちに対し、相手の尊厳を傷つける手段を選択「すべきでない」ではなく、選択「しないでほしい」と伝えるようにしています。そして、その理由を「人の尊厳を傷つけてしまったことを今でも後悔しており、そのような後悔をみなさんにはけっしてしてほしくないから」などと伝えたり、前述した通り、「学校は『手段の選択』（79頁参照）を練習する場だと考えている。失敗することもあるかもしれないが、初期段階で自覚できれば、相手に謝り反省して学べばよい。今から意識的に練習していけば、社会に出てからも必ず役に立つ。職業上、多くの大人のハラスメント事案を見ているが、そういう練習ができない大人はとても多い。みなさんにはそのような大人にだけはなってほしくない」などと話したりしています。

「感情論」という言葉もあり、内心の吐露は理性的でなく説得力を欠くイメージがあります。しかし、何かを感じることの背景には、必ずその人の過去の経験があります。そうした経験も併せて相手に伝えれば、説得力が増すことも多いでしょう。

また、こちらが先に内心を吐露することで、相手も安心してその内心を吐露できます。そう感じる理由や基づく経験も話すことができます。そのような過程を経て相互理解が深まっていくのです。

他方、こちらが「すべき」と言って規範を振りかざした瞬間、相手には抵抗か服従の２択しかなくなります。こうして築いてしまった関係は、たとえ表面上うまくいっているように見えても、どこかで必ず歪が生じます。振りかざした本人が陰口を叩かれるなどというのはかわいいほうで、服従させられた人たちが今度は別の誰か弱い人たちを服従させようとしてしまうのです。こうした負の連鎖については枚挙にいとまがありません。

ですから、何か不都合な事態に直面したとき、まず自分がどう「したい」のかを落ち着いて考え、その上で相手の「したい」を把握して調整していくことが本当に大切なのです。

出発点は、自分の「したい」に向き合うこと、自分で自分を尊重することです。ここでもやはり、「私」が尊重されないと「私以外の誰か」を尊重できません。まず自分で自分を尊重した後に、相手を尊重する、そうしたスキルがこれからのリーダーには求められるのかもしれません。

「すべき」に頼りたくなる理由は「自信がないから」

■依頼することは〝下手《したて》〟に出ること？

そうは言ったものの、相談者である彼女は、誰かに「しないでほしい」とか「してほしい」と依頼することに抵抗があるようでした。理由は概ね以下の2つです。①本来は、リーダーである自分に従うのが筋なのに、なぜ自分が〝下手《したて》〟に出なければならないのか納得できない。②「協力してほしい」などと「お願い」すると、「頼りない」と思われるかもしれないから不安である。どちらも、とても素直な意見だと思います。

まず、合唱コンクールの指揮者に練習段階で与えられている権限として考えられるのは、練習スケジュールに関する最終的な決定権や練習参加者に対する一定の指導権といったものでしょう。いずれも、クラスメイトの大方の同意が権限の発生根拠になります。

ただ、権限と言っても、それほど強いものではないはずです。少なくとも独自の判断で生徒に何らかのペナルティを科せるような権限までは与えられていないでしょう。

そうであるならば、まず①「確かに従うのが〝筋〟と言えばそう言えないこともないが、それほど太い筋でもない」というのが大前提となります。少なくとも「私の言う通りにしなさい」と指揮者に言われても、生徒側は何らペナルティにおびえることなくNOと言えるでしょう。

その上で、「協力してほしい」と言うことが〝下手《したて》〟か否かという点ですが、少なくとも私はそう思いません。「協力してほしい」は単なる「依頼」だからです。民法上の典型契約の中に「委任契約」がありますが、委任は一方が他方に対して「〜してほしい」と依頼（委任）し、他方がこれに同意（受任）することで成立します。この際、依頼の意思表示そのものに上だの下だのという評価が加えられることはありません。彼女が「協力してほしい」と言うことが〝下手《したて》〟だと思うのは、「上から命令できる事態」を想定しているために、相対的に「下から」のように感じるか、「断られたらどうしよう」という不安から心理的に自分が劣位と感じてしまっているかのいずれか（またはその両方）でしょう。上だの下だの些末なことにこだわらず、堂々と自分の意向を相手に伝えればよいのです。

■必要なのは自分に「自信」が持てること

とは言うものの、②「協力してほしい」などと「お願い」すると「頼りない」と思われるかもしれないから不安である、という理由からもわかるように、この『協力してほしい』と素直に言えない問題」は、結局、自分の主張に自信があるか否かに帰結するのだと思います。もしかすると「自分の主張」だけでなく「自分」に自信があるか否か、なのかもしれません。「弱みを見せても私なんかについてきてくれるだろうか」という不安や孤独感は、多くのリーダーが直面するものなのでしょう。

でも、だからといって、ここで「すべき」等の「力」に頼ってしまっては真のリーダーからは遠ざかってしまいます。厳しいようですが、彼女が「良きリーダーになりたい」と思っている以上は、この不安と向き合い、可能な限りここで踏ん張るのが近道です。

そして、彼女のそうした努力を支えてあげる人の存在も必要だと思います。「大丈夫。頼りないなんて思わないよ。むしろ、指揮者を一生懸命務めてくれているから協力したいと多くの人が思ってくれるよ」と声をかけてあげるだけでも大分違うでしょう。

クラスの中にそうした存在が現れるのが理想だとは思いますが、保護者や教員をはじめとする大人たちも担えればより効果的だと思います。

それでもなお難しい場合は「手続」を重視する

■「権限」に見合った「手続」の必要性

前節で私は、合唱コンクールの指揮者の権限について触れましたが、権限の発生根拠をクラスメイトの同意に置く場合、何らかのペナルティを科す権限を指揮者に与えることも理屈上は可能です。ただし、手続保障の観点から、いくつかの注意点があります。

そもそも、手続保障とは、人の権利を制約する場合には適正かつ公平な手続を踏まなければならないという考え方です。大きな「力」を発動するときには、その分慎重な検討・検証が求められるというわけです。とりわけ、懲戒処分等、相手に何らかの不利益を与える処分を行う場合は、不意打ち防止の観点から、事前に「どのような場合にどのような処分を行うか」ということを明確にしなければなりません。また、実際に処分するにあたっては、弁明の機会なども与える必要があります。処分の際にクラスメイトの同意を得る必要がある場合は、その要件も定めておかねばなりません。
つまり、指揮者に何らかの強い権限を与えたい場合は、それに見合っただけの手続も併せて必要になるということです。

■「手続」は「力」へのブレーキ

そうした手続を用意することなく、指揮者の判断だけでペナルティを科すことを許してしまっては、何ら民主的な裏打ちのない、単なる私的制裁になりかねません。扱う「力」が大きければ大きいほど、制約される利益も大きいわけですから、権限を持つ者の人格や信用等、曖昧なものに頼ってしまっては危ないのです。

なお、こうした視点は教員が生徒指導や懲戒権（学校教育法11条）などを行使する際にも同様に重要です。子どもの権利に対する制約が強ければ強いほど、手続をより重視する必要があります。

教育現場で「手続」と言うと、どうしても「形だけ」とか「セレモニー的」なイメージが持たれやすいですが、本来手続は、大きな「力」に対するブレーキです。ブレーキをかけながら慎重に「力」を使うことで、子どもたちに対して「あなたの権利は尊い」というメッセージを発信することにもつながります。

どうしても「力」を使う必要がある場合は、ぜひそうした手続を重視してみてください。

【参考】指揮者に与える権限及びその手続の例

〈できること〉

①10分間の居残り練習を3回まで命じることができる。ただし、昼休み中に限る。

②朝練を2回まで参加禁止にできる。

〈指揮者が上記①、②を行える場合〉

①について

A）練習の無断遅刻が2回連続したとき

B）練習の無断遅刻の合計が4回を超えたとき

C）練習の無断欠席が1回あったとき

D）その他A～Cに準ずる行為があり、指揮者が必要と判断したとき

②について

A）練習中に騒ぐ等、練習を阻害するとき

B）前項のA～Dの事情に加えて、看過しがたい特別な事情があると指揮者が判断したとき

〈指揮者が上記①、②を行う際の要件〉

いずれを行う場合も、指揮者は事前に当事者から事情を聞く。その上で、

①について

クラスへの事後報告があれば足る。

②について

前日までにHR出席者（指揮者本人を除く）の過半数の同意を得る。ただし、実際に②を行う場合は、事前に担任に報告する。

向き合いたいのは自分の「痛み」

■負の感情と自分の「痛み」

いじめに関する活動を行っていると、どうしても自分の中にある「痛み」と向き合わざるを得ない場面に遭遇します。子どもたちから思いがけない考えや言葉を投げかけられることがあるからです。特に私が扱っているのは日常生活において〝ありがち〟な事例であるため、時に価値観の激しい衝突があります。

たとえば、先に紹介したＤＶＤの貸し借りがきっかけで仲間はずれにされる事例などは、私の個人的な経験をもとに作成している部分があります。そのため、授業を開始した当初は、生徒たちや教員から発される「いじめられる方が（も）悪い」という言説が強く自分に突き刺さっていました。

なお、子どもたちからそういった意見が出たときに、大人が取る対応には概ね３つの傾向があります。①「その考え方は間違っている！」と強く否定する、②「それも一理あるね」「実際そういうこともあるね」などと迎合する、③「相手がいじめのきっかけをつくったことと、その人をいじめることとは別問題だよ」と冷静に指摘する。

子どもたちの理解を促すという視点から見れば、この場合、③が最も望ましいのは明らかです。しかし、自分の経験からしても、またいじめ問題に取り組む多くの大人たちを見ていても、そうした冷静な対応が困難な場合が少なからずあります。子どもの発した言葉により自分の負の感情を刺激されてしまうことがあるからです。

子どもの意見を頭から否定してしまう①のような場合であれば、過去の自分やいじめ問題で現に困っている身近な人などを思い起こし、あたかも自分やその人が責められているかのような気持ちになっていることが多いでしょう。授業開始当初の私は、どちらかと言えばこのタイプでした。そして、そうした意見を否定するため、それらに対抗するために、法律という「力」を振りかざしていました。

また、子どもの意見に迎合してしまう②のような場合であれば、逆に「あの経験があったから今の自分がある」と、「あのとき『自分に落ち度があった』と反省できた自分」を何とか正当化しようとしてしまっている場合が多いでしょう。過去の加害行為を何らかの理由で正当化してしまっていることもあるかもしれません。

いずれにしても、③のような冷静な対応ができないほど負の感情が刺激されるとき、多くの場合、そこには自分の「痛み」があるように思います。私の場合であれば、「なぜあの時（子ども時代）、あのような扱いを受けなければならなかったのだ」とか「なぜ大人も誰も味方になってくれなかったのだ」という悲しみと怒りです。こうした痛みは、必ずしも自覚的であるわけではありません。私のように自覚せぬまま、自分は正しいことをしていると思い込み、「力」を振りかざし続けてしまうこともあると思います。

ですから私は、いじめ問題に限らず、誰かにその「痛み」を刺激されたときに、相手に感情的に強く当たってしまったり、何らかの「力」を使ってしまったりすることを一概に責めることはできないと考えています。人の痛みの大きさや多さ、人生に与える影響等は千差万別だからです。

■「痛み」に向き合うことで「専門性」を発揮できるようになる

ただ他方で、そうした刺激をきっかけに、また「力」を使った自分を振り返ることにより、自分の「痛み」に向き合うことができるとも思っています。痛みに向き合うのは、自分の弱さや醜さに向き合うことにも似ていますから、とても辛い作業です。しかし、一度自分の中に痛みが「在る」ことだけでも自覚してしまえば、比較的冷静になれます。あとはその扱い方だけを考えていけばよいからです。結果として「痛み」自体がなくなることもあるかもしれません。少なくとも現在の私は、自分自身のいじめ体験に関し、感情のコントロールが効かなくなるほどの「痛み」はほとんどありません。

そのため、ここ数年でやっと、子どもに対しても、大人に対しても、いじめ問題を語る際に「力」を使う必要性を感じなくなりました。「理解してもらう努力は自分の矜持をもって最大限行うが、それで最終的に理解してもらえなかったとしてもそれはそれで仕方ない。そうした相手の判断も尊重する」と思えるからです。詳しくは第3章で述べますが、それは同時にいじめ問題に関する自分の「仕事」をより明確に自覚できたことも意味していました。

専門職は「結果」に責任を負っているのではなく、よい結果に向かうための「過程」にこそ、その専門性を発揮することが求められているからです。自分と意見が異なる人に「わからせること」が私の仕事なのではありません。相手に理解してもらうために、最大限の研鑽を積み、努力し、技術を伸ばし、実際にその技術を発揮していくこと、それが私の仕事です。

「わからせたい」「言うことをきかせたい」と無理に「力」を使うことは、単に自分のエゴを実現させようとしているにすぎません。結果として相手が「わかった」としても、それはプロの仕事の結果ではありません。エゴと「力」の組み合わせは、自分の専門職としての成長を止める可能性があるのです。

もちろん、エゴが原動力になる場合も当然ありますし、「痛み」を克服するために努力することもあります。実際、私は「いじめられる方が（も）悪い」という言説を何とか論破したいと、その検討に膨大な時間をかけ、何度も何度も大人や子どもたちと議論してきました。ですから、「専門職たるもの己のエゴを封じるべき」とか「己の『痛み』を全て克服すべき」などと述べるつもりは全くありません。

しかし、教員も弁護士も「人の人生」という、重く尊い価値を扱う仕事です。小手先のノウハウや抽象的な精神論だけで乗り切れる仕事ではありません。以前の私のように、いくら理論武装したところで、相手にそのエゴを見抜かれ、反発されるだけでは結局中途半端なのです。

ですからやはり、教員や弁護士という職業は、自ずと自分と向き合わざるを得ない職業であり、自分の基盤が整っていれば整っているほど、その専門性を適切に発揮できる職業なのだと思います。

そうであるならば、専門職は自分の基盤を整えるため、自身と向き合う機会を意識的に設けたほうがよいのではないでしょうか。そして私は、『力』を使ってしまったとき」がその最適なきっかけの一つになりうると考えています。もし「力」を使った動機の根底に自分の「痛み」があるならば、それを認知するだけでも、きっと自分にとってたいへん大きな学びになるでしょう。

そうしたちょっとした〝努力（のようなもの）〟の積み重ねが自分の専門職としての基盤となっていくように思うのです。

「正しさ」との付き合い方

■子どもを大人に適合させる「見せかけの寛容さ」

第２章の最後に「正しさ」とどう付き合っていけばよいのか、という点に触れたいと思います。法律家として教育現場に関わっていると、「正しさ」が「大きな力」になってしまうことがあることを痛感するからです。もちろん、誰かを助けるという意味での「力」になることもあります。しかし、ここで触れたいのは、「誰かを知らず知らずのうちにコントロールしてしまう」とか「追い詰めてしまう」という意味としての「大きな力」です。

「正しさが人を追い詰める」という言葉自体は誰でも一度は耳にしたことがあるでしょうから、理屈としては新鮮味を帯びたものではないかもしれません。でも、具体的に直面する場面を検討してみると、これがなかなか奥深いものであると感じます。

たとえば、私が前述の「ＤＶＤの貸し借りによる仲間はずれの事例」の授業をするとき、「どんな意見でもよいので、遠慮なく率直なご意見を聞かせてください」と述べた上、何名かの生徒さんに意見を言ってもらったとします。Ａさんは、「こんなものはいじめじゃない！」と述べ、またＢさんは「相手を傷つけている以上はいじめです」と答える。どちらも極めて率直なご意見です。

これらに対して私が、Ａさんの意見には「なるほど。そうも考えられるかもしれませんね」と言い、Ｂさんの意見には「それは素晴らしいご意見ですね」と言ったとしたらどうでしょう。

生徒さんたちは一瞬にして、この質問には〝正解〟があること、「どんな意見でもよい」という前置きは建て前にすぎないこと、目の前にいるこの大人は自分が「正しい」と思うこと以外受け入れるつもりがないこと、建て前を信じて自由に意見を発したらバカを見るだろうことを察するでしょう。

その後に続く意見や授業後のアンケートにもきっと、「仲間はずれが『いじめ』であることがとてもよくわかりました！」「私は絶対に仲間はずれをしたくありません」「どんなに腹が立っても相手の気持ちも考えたいです」などといった「正しい」コメントがズラッと並びます。

それを見た私は、「あぁ、私の伝えたかったことがしっかり伝わったんだ。本当によかった」と満足するのです。「気に入った意見だけを褒める」という手法で、見せかけだけの〝寛容な場〟をつくったにすぎないにもかかわらず……。

ここでの問題は、当然、不寛容な場をつくり、子どもたちをコントロールしていることそのものなのですが、同じくらい問題だと思うのは、私自身がそれに気づきづらい、あるいは気づいたとしても「さして問題ない」と思いかねないという点です。

なぜなら、子どもたちの述べる〝良い〟意見や授業中の積極的な態度から「結果としてクラスが〝正しい状態〟になった」と考え、一定の成果を出したかのように錯覚するからです。「結果オーライ。何が問題なの？」といった具合です。実際、私の発言に素直に影響を受け「いじめはいけない」と本心から思った生徒さんたちも一定数存在するでしょうし、私自身としてもそうした自身の発言の影響力を授業中に感じていることでしょう。そのため、その錯覚は案外強固なものになるかもしれません。

しかし、ここでの私は「先生が好む『正しい答え』を出す練習」を生徒さんたちにさせているだけです。「個人の尊厳」に向き合わせているのでも、他者の事情を想像し、尊重する練習をさせているのでもありません。ただ「正しさ」という「力」を使って子どもを大人に適合させているだけです。教員のみなさんには高い技術があるので、この例のような「あからさま」なことはけっして行わないでしょう。しかし、その分より高度な文脈で、より巧妙にこうしたことが教育現場で行われてしまっていることがあるように思います。

実際、ある学校に異動したばかりの校長先生から、「この学校の最も大きな課題は、〝みせかけの寛容さ〟で生徒をコントロールしようとする教員が一定数存在することだ」と打ち明けられたこともあります。表向きは多様性の重要さを強調し、寛容さを強調しながら、実際は〝正解〟を一つしか許さないというのです。それでも、子どもたちはきちんとその〝正解〟を出してくるため、教員側も問題意識を持ちづらいというわけです。「結果として『正しい状態』なのだから問題ない」という意識がここでも見受けられます。

校則の問題などでもこうした問題の片鱗が見えるかもしれません。「子どもファースト」「子どもの意思を何より尊重する」「子どもたちを信じている」などと述べつつも、実際は極めて細かく厳しい校則を子どもたちに守らせている、という学校はかなり多いのではないでしょうか。身だしなみ等をはじめ、子どもたちがしっかりと規律を守っている学校は美しく、頼もしく見えますから、より「結果として『正しい状態』なのだから問題ない」と思いやすいかもしれません。

■「正しい」という認識の危うさ

ここで考えたいのは2点です。①自分が認識している「正しい状態」は、本当に「正しい」のか。

②仮に「正しい」として、そこに導くためのアプローチは子どもたちの意思を尊重した〝フェア〟なものか。

先の私の授業の例で言えば、①前述の通り、子どもたちは「個人の尊厳」に向き合ったわけでも、他者の事情を想像し、尊重する練習を行ったわけでもなく、ただ「私（講師）好み」の回答を述べているにすぎないので、およそ「正しい状態」になっているとは言えません。少なくとも、実際に事例と似たような場面に遭遇した子どもたちが、授業中の意見のような「正しい態度」を取る可能性は極めて低いと言えるでしょう。

なお、「どんなに腹が立っても相手の気持ちも考えたいです」などという意見が出ることは、「いじめダメ絶対」という単なる標語の域を超え、子どもが自分なりに考えた解決策が出てきていますから、一見、「他者を尊重すること」に向き合えているかのようにも見えます。その生徒さんがきちんと向き合った上でそのような結論に至った可能性も完全には否定することができません。しかし、仮にそうであったとしても、それは私の授業の内容がよかったわけでも、向き合わせる技術があったわけでもなく、単に「たまたま優秀な子がいた」にすぎないと言えるでしょう。

ですから、そうした少数の子どもの存在に着目して「クラス全体が『正しい状態』になった」と判断してしまうのは、やはりいろいろな意味で危険と言わざるをえないと思います。

とはいえ、百歩譲って②「仲間はずれもいじめになるからやめよう」というメッセージが伝わったことだけを捉えて、このクラスを一応「正しい状態」になったと評価できたとします。しかしながら、何度も述べている通り、私は主導的に授業を進められる立場や、「正しさ」という「力」を使って子どもたちを自分に従わせているだけなので、全く〝フェア〟なアプローチではありませんし、子どもの意思も尊重できていません。

結局、この私の授業の例は、私がいくら「子どものために『いじめ』がダメであることを伝えたい！」と情熱を持っていたとしても、残念ながら「子どものため」になどなっていないのです。私一人が満足感を得ているにすぎません。

■考えたい「正しさ」の扱い方

こうしたことを通して私がここでお伝えしたいのは、「自分は正しい」という感覚や「正しくあることが大切」という信念は、実はとても危ういということです。「正しさ」を感じるとき、人はあたかも客観的な何らかの担保や大多数の者の支持を得たかのように錯覚します。たとえば法律のように、実際にそうした裏打ちがあるツールもあります。

しかし、法律が社会で「正しい」とされているからといって、それを使う者が、その使い方が、誰かを傷つけたり、追い詰めたり、コントロールしてしまったりしていないとは限らないのです。私たち法律家は、常にそうした「正しさの扱い方」を自問自答しています。

ですから、そうした裏打ちある「正しさ」を教育現場に持ち込む者として私は、教員のみなさんに対し、「正しさ」からは少し距離を取ってほしい、「正しいか否か」という「評価」よりも子どもたちの気持ちやみなさん自身のお気持ちの方をもっとずっと大切にしてほしい、と伝えたいのです。

そのために、本章では「すべき」よりも「したい」を大切にしてほしいと述べてきました。「規範は相手を説得するための一事情にすぎない」という問題も「正しさ」の位置づけ、優先順位をより下げてほしいという願いからの説明です。

もちろん、『正しさ』は『悪』だ」といった何やら矛盾する小難しいことを言いたいわけではありません。ただ一度立ち止まって自分の中にある「正しさ」と向き合ってみてほしい、「使い方」を振り返ってみてほしいというだけです。難しい問題であるとは思いますが、子どもたちに対して「力」を持つ存在である教員だからこそ、向き合う価値のある問題だと私は考えています。

第2章まとめ

① 子どもの持つ価値を重視すれば、「個人の尊厳」が見えてくる
② 大人も子どもも、「すべき」よりも「したい」が大切
③ 「すべき」は、人の自己肯定感を削り、思考の幅を奪う
④ 自分の「したい」と向き合うことで、相手も尊重できるようになる
⑤ 「力」を使いたいときは、手続を重視する
⑥ 「力」と向き合うことで、自分自身の「痛み」にも向き合える可能性がある
⑦ 「正しさ」とは少し距離を置き、向き合ってみることが大切

【対談】塚越友子×真下麻里子
安心・安全なコミュニケーションのために必要なこと

塚越先生のことは、以前からテレビ番組などを通して存じ上げていたのですが、私の同期の弁護士がネットの誹謗中傷対策検討会を立ち上げた際に、ご一緒することができました。以来、SNSを通じてやり取りさせていただいたり、オンライン模擬調停にご参加いただいたりするなど、たいへん仲良くしていただいています。

最近私が教育現場に感じている問題意識は、人の内面に関わる部分も多いため、先生に伺いたいことがたくさんありました。そうした私のどの質問に対しても、具体的かつ的確にお答えくださるので、どんどん好奇心が湧き、楽しんでいる間にあっという間に終わってしまったという印象です。

明日から使える知識がたくさん登場するだけでなく、多くのみなさんのモヤモヤがスッキリ晴れる内容になっておりますので、ぜひじっくりお読みください。

「ハラスメント」の心理学的な理解

真下　心理学がご専門の塚越先生に伺いたいのは、安心・安全なコミュニケーションとはどのようなものか、ということです。そのためにまず、「安心・安全」と対極にある「ハラスメント」についてお聞きしたいのですが、ハラスメントとは、どのような心理状態の人が、どのようなことをしてしまうものなのでしょうか。

塚越　いろいろなハラスメントがありますが、心理学的に研究されているのは、**他者を利用する、操作するというコミュニケーション**です。ハラスメントをする側は他者を操作して何らかの利益をもらいます。操作される側は、操作する相手に利益を提供しながら自分は傷ついていきます。一方的に他人から支配コントロールされてしまうという関係性です。

操作する人はものすごく操作に長けています。普通の人でもいつのまにかからめとられていて、その人にとっていいように使われ、いつのまにか支配コントロールされてしまいます。そうした関係性がハラスメントのベースです。そこに、パワハラだったら立場が、セクハラだったら男女が、モラハラだったらパートナーシップが関わってくる、というように心理学上分かれていくのですが、基本は「操作」ということです。

ハラスメントを行うのは、一見強そうで、自信満々に見えますが、内心は非常に劣等感が強く、自尊心が低いタイプの人です。それを隠したり、劣等感を補ったりするためにハラスメントを行います。**相手を操作することによって自分に自信を持ち、上下関係をつけて、この人をコントロールできているから私は大丈夫、と思うためにするのがハラスメント**になります。基本的にハラスメントをする人というのは、非常に劣等感が強くて、恐れや恥の感情を感じやすい人なので、それらを外に表さないようにするために他者を攻撃したり、他者をさらに陥れたりして自分が強いように見せることで、見せかけの自信を自分の中につくっている状態なのです。

真下　相手を利用して自信をつけているということですね。自分が上であることに安心するというか。

塚越　劣等感をごまかすために上下関係をつくって、自分は優れていると仮に思って自身を安心させているのです。ただ、根本的に自分が劣等だと思っている意識は変わらないので、永遠に誰か相手を見つけては操作し続けて、自分の劣等感を覆い隠すということを一生かけてやっていくタイプですね。結局最後まで自分と向き合えない。向き合ってしまうと自分がだめなことがわかってしまうので、それが嫌だから人のせいにしてしまう。辛い人なんです。自己理解できないし、他者理解もけっしてしない、ということになってきます。

真下　そういう人は、どうやって自分と向き合えばよいのでしょうか。

塚越　ハラスメントの加害者臨床というのはとても難しくて、なかなかうまくいかないです。**恐れや恥**という、感情で自分が一番見たくない部分を見ないように生きているので、それに向き合いなさいというのは非常に手間がかかります。恐れや恥を受け入れられるようにゆっくりやっていかなければならないのですが、ハラスメントをしている自覚がないので、なかなか進まないです。たとえ頭ではこういうことがハラスメントになる、こういうことがいけないとわかっている場合でも、時間がかかりますね。

真下　子どものいじめも似た感じでしょうか?

塚越　**子どものいじめは、どちらかというとストレスのほうが強い**です。もちろん劣等感があって、それを他の子をいじめることでごまかすということもありますが、子どものいじめだとその前段階の、ストレスがたまってそのはけ口に弱い者いじめをしてすっきりするという面があります。また、小・中学生というのは、異質なものを攻撃する意識が一番高まる時期で、排除したくなってしまうので、そのような発達段階の影響もあっていじめをしてしまう面もあります。

調査をすると、加害者も被害者もメンタルヘルスはとても悪いです。加害者側は家で教育虐待を受けているという場合もありますし、家の状況が悪くて他人にあたっているという場合もあります。やはり基本はストレッサーによるストレス反応としてのいじめが多いですね。

対談者

塚越　友子

つかこし・ともこ

公認心理師・臨床心理士・文学修士（社会学）・教育学修士（臨床心理学）。東京中央カウンセリング代表。一般企業にて広報・編集者として就労中、過労から内蔵疾患を発症、治療生活でうつ病を発症する。働く人の精神的不適応と家庭のサポートについて興味を持ち、東京中央カウンセリングを開業。現在は、思春期の子どものメンタルヘルスに対する家族のサポート方法について研究を行いつつ、個人カウンセリングも行っている。

ハラスメントと教育

真下　コミュニケーションの学び方として、子どもの時代にやっていたことを大人になっても繰り返すような人はけっこういると思います。心理学上のハラスメントまでいかなくても、似たような構造で、自分は動かずに人を動かして自分の利益にすることに慣れているような人はいると感じます。そういう傾向は、子どもの頃の体験と地続きなのか、それともある程度大人になってからの体験がもとになっているのか、教育との兼ね合いで、子どもの頃にこういうケアをしてあげていればそういう大人にならなかったのに、ということが心理学上考えられるでしょうか。

塚越　とても難しいところで、教育によってよくなることもあります。ただ、**他者とのコミュニケーションのとり方や、他者はどういうものかということは、まず親から学ぶんです。**内的作業モデルといって、親のコミュニケーションの仕方とか、親が他人をどう扱っているかというところを見て、あ、こういうふうにするんだ、とインストールしてしまう。その状態のまま他者とコミュニケートしていくので、親が操作的な人だと子どもも操作的になるというのはよく言われていることです。

また、自信がなかったりストレスがたまったりしたときに、人を操作するとそれが解消されるというのを自分の実体験の中で学んでいく子どももいます。それでうまくいったという経験が積み重なると、そのコミュニケーションをずっとしていくということになります。ですから、**子どものうちにストレスの解消法や、自尊心、自己肯定感を上げる方法を、親や教師、もしくは塾の先生や友達の親など、周りの大人たちが教えてあげることができれば、変えられる可能性はあります。**子どものうちであれば、自尊心の高い低い、自己肯定感の高い低いがまだ決定していないからです。

ストレスマネジメントというのは大人が教えてあげるものですし、よいコミュニケーション、安心・安全なコミュニケーションというのも、学校では習わないですよね。「いじめをしてはいけない」というのではなくて、「安心・安全なコミュニケーションとは何か」というのを教わる機会があれば、変わる子は変わるのではないかと思います。

もちろん、全て教育で改善できる水準の問題ではないですが、操作的なコミュニケーション方法を自分の経験で学習してしまったという子たちは、機会があれば変えられるのではないかと思います。

真下　学校でやれば絶対よくなる、ということではけっしてないけれど、学校もそういう機会をつくれれば、ハラスメントをするような人にならない可能性が高まるということでしょうか。関わる大人が重要なんですね。

塚越　教えられるのは大人しかいないですからね。

スキルとしてのコミュニケーション

真下　塚越先生が教えておられる専門学校でも、コミュニケーションの方法についてお話しされたりしますか。

塚越　心理学の授業をやっているので、コミュニケーションというのはみんな興味があって、習ってきていないことなのでいちばん質問が出るし、もっと早く知りたかった、と言われます。18、19歳ならまだ遅くないから、身につけてやっていくと楽になるよ、という感じで時間を多めにとって教えています。

真下　コミュニケーションは「スキル」と言ってよいのでしょうか。理論と実技とがありますが、理論だけでもできないだろうし、実践していかないと身につかないものだと思います。「スキル」という意味で、習得可能性はありますか。

塚越　あります。理論として「安心・安全なコミュニケーションとはこういうことです」というのがあって、そのためにどういうことをしたらいいかというHowのスキルがあるわけです。各スキルの目的を理解すれば、応用も可能だし、自分で使いこなすこともできるようになります。

一方、理論を知らずにただその技法を使っても、それは到底スキルと呼べるものではありません。逆に相手を不快に感じさせることもあり、コミュニケーションが全く上手になりません。人と人とのコミュニケーションには文脈があって、この流れを読み取った上でこのスキル、また別のスキル、と使っていく必要があります。そうしたことを繰り返して上達していきます。たとえば、思いやりを示せと言われても、どうやってそれを示せばいいかわからないという人はたくさんいます。友達から「辛くて会社を辞めたいんだよね」と相談されたときに、「こんな時代だからやめないほうがいいよ」と思いやりのつもりで言う人がいますが、そうではなくて、まずは「辛いんだね」と言うのが思いやりです。これを知らないと、間違った思いやりの表現をしてしまいます。そのためにも理論は必要です。

安心・安全なコミュニケーションの基本

真下　安心・安全なコミュニケーションについて、詳しくは本を読んだり実践をしたりすることが必要だと思いますが、どんな理屈のもとに、どういうスキルが必要、という基本的な考え方はありますか。

塚越　カウンセラーとしては、まずロジャーズの３条件、カウンセラーの基本的態度を学んで、それを基本として実践します。３条件というのは、**１つ目が無条件の肯定的配慮、２つ目が共感的理解、３つ目が自己一致、純粋性**というものです。これだけ聞くと、そんなことか、と感じられるかもしれませんが、結構難しいんです。

無条件の肯定的配慮って、どんな話を相手がしていようが、一切批判を加えずとりあえず全部聞く・受け入れるということなんですね。それが無条件の肯定的な配慮。共感的理解というのは、あたかも相手になりきったかのように話を聞くという方法です。「同情」ともまた違います。相手が悲しい話をしているのを聞いて、同情だと「それはかわいそうね、辛かったね」という感じで距離があります。共感的理解は、相手の話したできごとについて「悲しいと感じますよね」と理解することです。

真下先生がおっしゃっている「内心を大切にする」というのがそういうことです。あたかも相手になりきって聞いていると、それは悲しいよね、とか、確かにそれは腹が立つからいじめたくもなるよね、と悪いほうにもちゃんと共感的に理解を示すことができます。**同調も同情も同意もしていないけれど、あなたの考え**

やあなたがそこでむかついたことはわかります、いじめたくなったこともわかるし、悲しくなったことも、怒ったこともわかるよ、と伝えるという気持ちで聞いたり、会話でちゃんと伝えてあげたりするということです。

最後の自己一致というのは、ちょっと難しいんですが、「聞いているふりをしているとすぐバレる」ということです。ただ「悲しかったんだね」と言っているだけだと、この人、聞いてないな、ということが相手に伝わってしまいます。ちゃんと聞いて、心から共感的理解を示した上で、悲しいよね、むかついたよねと言えるように、たとえば自分が「この子の考え方には同意できない」とか「なんだかイライラするな」と感じていたら、その感情をふまえる、つまり**自分の中で一致して、純粋に聞いている必要がある**ということです。「あたかも」というと、聞いているふりをすればいい、悲しいよねって言えばいいんだってなるんですが、それは相手を欺くことになるので本当に聞く人になるために、というのがこの自己一致、純粋性です。

真下　なるほど。

塚越　これをすると、相手にちゃんと話を聞いてもらえている、と思えて、理解されている、受容されているという安心・安全な感じがあるんですね。安心・安全な状況で話を聞いてもらえると、自分のことをちゃんと見つめてみようと思えるようになるんです。この人、絶対私のことを批判しないし傷つけないし、変なことを話してもいいんじゃないか、自分と向き合ってみようかな、自分の中でだめだと思っていることも、そんなにだめじゃないかもしれない、ちょっともろいところも見せてもいいじゃないか、という気持ちになります。

そうして、自分自身のことを自己理解しようとしたり、自分で自分のことを受け入れたりしようとできるようになって、じゃあ自分をどういうふうにコントロールしていったら、自分が満足できるように生きていけるんだろうかとか、人と関わっていけるんだろうか、と考えられるんです。

そうなると、自己満足を得るために他人を傷つけるというようなコミュニケーションをとらなくても自分を成長させていくことができます。

真下　とてもよくわかります。

塚越　そのために何をするか、というのがいろいろなカウンセリングの技術です。どうしたら相手に話を聞いてもらえていると**感じてもらえるのだろうか**、ということを考えて、細かいことをやります。とても一般的な状況で言えば、基本的には、話の腰を絶対に折りません。最後まで聞きるんです。最後まで聞ききった後で、**自分の意見や感想、評価、質問なども言わずに**、なるほど、なんでそういうふうに考えたのかな、というところを**もう少し掘り下げて聞いていくんです**ね。

たとえば、「こういうふうに謝ったけど許してもらえていない感じがする」と言われたとします。そうしたら、「そうか。ところでそれはどんなところから感じているの」という形でもう少し掘り下げるのです。なぜそう思ったのか、そう考えたのかという点をまず聞いて、「なるほど、あなたはこういうことがあって、こういう態度を相手がとったから、謝ったのに、許してくれてないと感じたんだね」と、相手の言ったこと、できごと、なぜそう考えたのかまで、全て伝え返します。これを「要約」と言います。要約して理解したことを伝えて、それが終わってはじめて、「それだったらこうだよね」とか「そうは言ってるけど許してくれているよ。だって彼女ってこういうところがあるから」というように意見や感想を述べます。とにかく、**相手がなぜそう思ったのかまでを全部聞いて、それを理解していることまで伝えてから、自分の意見を言うんです**。

真下　それは、たとえばいじめの被害者でも加害者でも、どの立場の人に対しても安心・安全なコミュニケーションとして大事だということですよね。

塚越　**そうしないと相手が心を開いてくれないし、説得されると思って頑なになってしまいます**。まず安全で安心で、絶対にあなたを否定したり説得したりはしませんよ、ということが伝わることが必要です。ただし、自分で間違いに気づいて、あ、なんてことを私はしたんだって思えるように、どんどん迫っていきますよ、という感じです（笑）。

真下　プロとしては、そこに迫っていくのですね（笑）。

塚越　これだけあなたのことを受け入れているんだか

ら、あなたもちゃんと自分と向き合わなければだめよ、という側面もあるので、説得されるより「ちょっとこわい」と言うこともできると思います。

加害者との向き合い方

真下　それはたとえば、学校の先生でもできることでしょうか。学校の先生だと、規範をある程度示さなければならない役割もあるので、全部聞いて、要約して、理解していることも伝えた後に、規範のようなもの、たとえば、「とはいえ、こういうのはよくないよね」というようなことを言ってしまっても大丈夫なのでしょうか。

塚越　そこなんですよね。先生や親は、子どもの言うことをそんなに全部聞いてあげたら、子どもは自己正当化してしまって、悪いことも正当化して、謝らないのではないかと心配されるのですが、子どもも自分がルールに反したことをやっているということは気づいているんですね。それをやってしまった罪悪感だったり、恥ずかしさだったりを隠すために、自己正当化しているだけなのです。話を全部聞いてもらった後で、「そうか、それでやっちゃったんだ、そう思ってもしようがなかったね」と言われると、この恥ずかしさや罪悪感を受け入れてもいいかなと思い、本人がちゃんと自分の口で自分の恥や罪悪感を認めて言えるんです。

先生や親は、規範を教えるという役割があるので、**先にその規範を子どもに言ってしまうと、がしゃんと心が閉じてしまい、また恥と罪悪感が出てきて、がしゃんと心が閉じてしまいます。**「ほらね、だからいやなんだ、さっきわかったって言ってたのは嘘じゃん」となると、心を開いてくれなくなってしまうんですね。本当に安心・安全に聞いてあげることができれば、本人は恥と罪悪感の感情に向き合うことができて、自己正当化せずにごめんなさいと自分の口で言えるはずなんです。規範に反している本人の感情、真下先生のいうところの「内心」というものがあったとしても、それを尊重したとしても、間違った方向にはいかないんです。絶対によい方向にいきます。

『プリズン・サークル』という映画をご存知ですか。島根県にある「島根あさひ社会復帰促進センター」という刑務所を取材した映画なのですが、受刑者の気持ちを全部受け止めた上で矯正教育をしていくというプログラムがあるんです。そこで彼らは、はじめて自分のことを人間扱いされ、悪いことをした自分も人生も全部一旦受容されると被害者の人間という存在の重さに気づけるのです。そこで自分の罪と向き合うことができると、こんなに大切にされたら自分がなんてひどいことをしたのか認めざるを得ない、とうまくいくと更生していけるんです。そこでも示されているように、やはりどんなに悪いことでも出来事レベルのことを最初に受け入れられて、人間として存在をまるごと大切にされると、安心・安全な中で自分の罪、恐れや恥、罪悪感みたいなものとやっと向き合えるんです。

子どもも、最初は時間がかかるかもしれないけれど、ゆっくりやっていくしかないんですね。**学校だったら役割分担が必要ですよね。**カウンセラーが安心・安全に聞いて、先生がルールを教えるというふうにしたり、担任が二人いる学校だったら、一人は全部聞いてあげる役、一人は規範を教える役で役割分担をするとか。カウンセリングも一人で対応するのが難しい患者さんの場合は、一人が「良い人」、一人が「厳しい人」で役割分担して、ちゃんと自分と向き合えるように場所をつくっていきます。学校でもそういう工夫があってもよいと思います。家庭だったらお母さんが全部まるごと聞いてあげて、お父さんがルールを教えるとか。理想ですけどね。

真下　なるほど。自分の行為に加害者が向き合えないと、結局何も進まないですよね。形だけ整えても意味がないし、誰も幸せにならないので、加害者のことも受け止めてあげるというのが大人の姿勢としてすごく大事ということですね。頭ごなしにだめと言うのではなくて。

塚越　「だめ」と言うだけでは無意味です。むしろ状況を悪化させます。どんどん恥ずかしさの感情が強くなってしまうので、隠そうと思ってどんどんハラスメントの方向、自己正当化の方向にいってしまうんですよね。

真下　先生たちは、加害者の話を聞いていると加害者を受け入れているように見えるし、それは被害者をないがしろにしているようにも見えたりするので、そのバランスをすごく気にされていると思います。私は、内心を尊重してあげることと、とった手段についてそれは社会的に受け入れられないことだと伝えることは違うメッセージだと思っていますし、それを先生方にもお伝えしているのですが、それは矛盾しないということで大丈夫でしょうか。

塚越　矛盾しないと思います。いじめをしてしまったということへのプロセスや感情、考えは受け入れた上で、ただし、その手段、「むかついてそれをどうにかしたかったかもしれないけど、この手段はよくないよね。それはわかっているんだよね」という形で伝えて、「じゃあ、違う方法でどうする」と考えられればよいですし、それは教えなければいけないところでもあると思います。**本人を否定したり、恥や罪悪感を強化したりするのではない方向で、本人自身のことと手段を切り離しているわけですよね。そこがしっかり子どもに伝わっていれば、子どもも恥や罪悪感という感情に負けずに、「そうだよな。この手段はとっちゃだめだよな」となります。自分が傷つけられなければ、人間は受け入れることができるので。**

真下　規範を持ち出すタイミングが早すぎると、反発が出てきてしまうということですよね。

塚越　その子が自分自身については怒られないと思えて、とった手段についてダメだと言われているんだと思えるところまでいっていれば絶対大丈夫です。ただ、それが難しい。規範を示すタイミングになるまでは、たぶん、普通の大人が思っている以上に時間がかかると思います。手段と本人を分けるにはすごく時間がかかります。やっぱり自分の恥ずかしさや罪悪感みたいなものは強いので。

真下　確かに、ちょっとしたことでも感情的に反発したくなる気持ちってわきますよね。

塚越　防衛したくなっちゃうんですね。いじめが悪いことだということは幼稚園児だって知っています。それをわかっていてやっている**その恥ずかしさについて、どれだけ大人が余裕を持って接してあげられるか、**でしょうか。

真下　日頃のコミュニケーションも大事ですか。この人は私のことを安易に否定しない人だという信頼関係があれば、手段を間違えたなと認められるところに至るのは比較的早そうな気がします。

塚越　そう思います。もちろん日頃から安心・安全なコミュニケーションがとれていれば、この人の言うことだったら聞こうとすぐなります。自分と自分が行ったことの手段との違いも、すぐに本人の中で理解できるでしょうし。

真下　日頃からのコミュニケーションが予防にもつながるんですね。

「べき論」と思春期

真下　本書では「べき論」についても触れています。学校の先生方はとてもお忙しいので、効率を重視すると、どうしても「決まりはこうです。だから従ってください」といった「べき論」で進めてしまうこともあるようです。私は、そうした「べき論」は少ないほうがいいと考えているのですが、塚越先生はどう思いますか。

塚越　思春期の発達課題の中に、親や先生のつくった価値観を一回検討する、そして自分なりの価値観をつくり出すというものがあります。その時期に「こうすることが正しい」という道徳や倫理を身につけること自体は必要です。ただ、それを正解として大人が振りかざしてしまうと、それに反抗し、疑って納得しないという悪循環が起きます。ケースで考えて「こういうことだからこういうことはしないほうがいいのかな」と**自分で考えて答えが出せるような授業をしたほうが、この時期はむしろ効果的で効率的かもしれません。**

真下　学習効果というか、学んでいく過程としても「自分で考えさせること」が大切ということですか。

塚越　大切ですし、思春期の「大人の価値観を疑ってみる」という時期にはそうしたやり方のほうが吸収しやすいと思います。「こうしなさい。ああしなさい。守りなさい」と言われると、どんなに大切なことも疑ってしまって、入らない子には永遠に入りません。その辺は発達段階を考えて、小学校3、4年生頃の疑わない時期に基本的な「正しさ」を伝えておいて、5、6年生、中学生になったら考える授業にしないと難しいかなと思います。

真下　私の個人的な印象ですが、他方で大人の「べき論」に従っている子たちは、従うのを強める方向に働くようなイメージがあります。大人の価値観に従うのが正義だと信じてしまうところがあるように感じるのですが、それは思春期特有の信念みたいなものなのでしょうか。

塚越　思春期って、大人の価値観を疑いつつ自分の価値観をつくる、つまり、アイデンティティをつくる時期なんです。そこで疑わずに、すっと親の言っていることを内在化してしまう子、自分の価値観や信念、アイデンティティの軸にしてしまう子もいるんですね。そういう子たちは「こうあるべき」がどんどん浸透していって、**自分ができなかったら自己否定になるし、他人ができなかったら他者否定になってしまいます。**「すべき」が自分のアイデンティティのようになってしまうんですね。だから、**「すべき」がすごく神聖なものになるし、大人になったときに、おかしいと思っても手放せなくなるんですよね。**

実は「すべき」って、うつ病の思考パターンの一つでもあるんです。「こうあるべき」というルールが厳しすぎるために自分に対して自己否定的・自己批判的になって「なんでこんなこともできないんだ。これをやらなきゃいけないのにやれてない」と、追い込まれて病気になってしまうのです。それが他者に向くと、今の自粛警察とかマスク警察とか帰省警察みたいなものになってしまいます。「すべき」というのはアイデンティティにもなるし、日本だと同調圧力にもなるし、それが軸になっているので、自己否定にもつながるし、他者否定にもつながるし、とても厄介なんです。

真下　そうですよね。いじめの話をしていても、「すべき」が強い子ほど攻撃的な印象を受けるんです。「だって、『はみ出した人』が悪いじゃない」と、譲らないことが多いのです。これはちょっと困ったなと思っていたのですが、やはり内在化してしまっているということなのですね。

塚越　内在化して、自分のものになってしまっていて、しかも「正しい」ことなので、譲らないですよね。「なんで？　やらないほうが悪いでしょ。遅れてくるほうが悪いでしょ。物を返さない子のほうが悪いでしょ」の絶対正義になってしまうんです。

処罰感情と加害者ケア

真下　「悪いことをした人は罰されるべき」という「すべき」もとても強いと感じます。先ほどの加害者の話も「なぜ加害者にそんなに時間をかける必要があるんだ」という議論になりがちです。でも、加害者が更生しないと、社会や学校のコミュニティのためにもなりません。最終的には自分たちに還元される問題のはずなのですが、どうしても「罰したい気持ち」が強く出てしまうのでしょうね。

塚越　いじめもハラスメントも、「悪いこと」ではあるのでね。でも、悪いことをした人を罰したところでその人は悔い改めないし、悪かったということを本当の意味で理解しないから反省もしないし、というところなんですよね。

ただ、難しいとも思います。だって、自分の娘がもしもいじめられたとして、その加害者に先生たちが一生懸命時間をかけてわからせようとしていたら、たぶん私も不快に感じてしまうと思います。本当の意味で理解させよう、今後繰り返させないようにしよう、これを教育のきっかけにしよう、と思ったら時間をかけたほうがよいとは思いますけどね。現実には難しいかもしれませんね。

真下　そうですね。被害者側の立場に立てば、難しいですよね。私が思っているのは、加害者にすごく手をかけている姿勢を被害者に見せる必要はそれほどないということです。もちろん、先生方の取り組みの概要の報告はきちんと被害者側にしてあげる必要があります。ブラックボックスで行われると不安になってしまうからです。他方で、先生方が加害者に寄り添っている事実などまで被害者側にオープンにする必要はなくて、進行状況などの基本的な情報をしっかり共有できていれば、加害者に時間をかけて寄り添っていただいてよいとは思います。

塚越　そうですね。**時間をかけて説得して本当に謝らせます、ということが伝われば、被害者側としては、「そういうことで時間がかかっているのだったら問題ない」と思えますよね。**形だけすみません、と謝罪に来られても腹が立つだけだし。

真下　そうなんですよね。形だけ「お互い謝って終わりましょう」というのがいちばんよくないですよね。先生が被害者に対しても、これは「許されない行為」だということを明確に示してくれれば、被害者側も「先生も私の味方でいてくれるんだ」と思えます。ですから、やりとりはとても重要で、慎重にやったほうがよい部分です。そこをきちんと押さえた上で、加害者ケアに当たるのがよいですね。

塚越　**やはり役割分担も重要でしょうね。**「チーム学校」と言いますが、本当に必要なシステムだと思います。加害者ケアをする人と被害者ケアをする人とでチームをつくってやらないと、一人の人がこっちもあっちもというのは無理ですよね。子どもが信頼している先生や心を開いている先生って、担任の先生ではないかもしれないから、加害者でも被害者でも、そういう先生がキーマンになって本人との対話をするとか、臨機応変にチームをつくったほうがよいと思います。ただ、実際は、担任だからとか、学年主任だからという理由で担当させてしまったりすることもあるようで、相性の悪い先生とのやりとりで疲れちゃう子どももいたりしますよね。

真下　担任の先生とのコミュニケーションがうまくいかない場合ってよくありますよね。保護者との関係でも当然そうですけど。

塚越　保護者も担任を信用していないのに、その担任が連絡係で行く、みたいなケースはいっぱいありますよね。

真下　結局子どもにしわよせがいってしまうので、その状況は改善されるとよいですよね。法律上は「チーム学校」として先生たちを支える組織をつくる立て付けになっています。ただ、それが機能しているかというと、残念ながらそうでもないのが現状です。どうしても人員が足りない、ゆとりがないなどとなってしまっていますね。塚越先生のところにも、そういう相談があったりしますか。

塚越　被害者側のお母さんばかりですけど、学校が敵みたいな感じになっていて、どうやって戦っていけばいいですか、みたいな相談が多いです。

真下　弁護士に相談に来るときもその状態になってしまっていることが多いですね。「許せないので、内容証明を送ってほしい」といった流れでは学校と協力関係がつくれませんので、本当の意味での解決からどんどん離れていくという悪循環に陥ります。少しでも早い段階で学校と加害者側と被害者側がうまく協力しあえる関係が築けるといいなと思っているのですが。

塚越　私もいつも思っています。「もうそこまでいっちゃったか」って。本当に早い段階、事件が起きた時に相談してもらうことが必要ですよね。

真下　「気づいたらすぐ」くらいの感じが本当は理想ですね。加害者側も、こじれればこじれるほど言いたいことや言い分が増えてきてしまうので、早い段階で気づいて、周りなり大人なりがさっと手当するのが非常に重要なんだろうと思います。

塚越　こちら側の考える理想ですけどね。学校の先生は一対多の職業ですが、弁護士も心理士も一対一の仕事ですよね。一対多で、このことを全部やってほしいというのは酷だということはすごくよくわかっているんです。一対多の人がどこまでできるのか、できないならどんなチーム、システムをつくればいいのかというのは常に考えています。

臨床心理士と考える「専門職」

真下　とてもわかります。他方で、私たちが一対一で気をつけていることを一対多に応用できる部分もあるように思います。そして、その一環として「専門職とは何か」ということを考えています。学校の先生が「教育の専門家」であることには争いがないと思いますが、想定される専門性の範囲が広すぎるのも事実です。おそらくこれから絞られていくだろうし、そうならなければならないと考えています。

弁護士や心理士には、職業倫理規程がありますよね。そのなかで、「やってはならないことリスト」のようなものがあると思うのですが、私たち弁護士はそれを「規制」という捉え方をしていません。心理士さんはどうですか。

塚越　まったくその通りですね。私たちも、臨床心理士会倫理綱領というものがあるのですが、**それは「守るべき規則」とか「義務」とかではなくて、それをやっていないと仕事が成り立たないという根本的なこと**

を示したものという位置づけです。心理士は人間の尊厳を守るための仕事なので、それを守るためのことをルール化したものが倫理綱領だと思っているんですね。だから義務というよりも、クライアントを傷つけないことを達成するために必要なことだし、ここに照らし合わせて戻って考えれば、今自分がやっていることがクライアントにとって正しいことなのか、傷つけていないか、クライアントの幸せと心の健康に資することなのかということを考える基準にもなります。ですから、それがないと仕事ができないのです。

真下　学校の先生方の働き方って、ボーダーレスになってしまっていると感じることがあるんです。たとえば夜、個人的な電話がかかってきて、それに何時間もつきあってしまうというようなことは、我々にはほぼないですよね。そのあたりの考え方をどうにか共有したいというところから、職業倫理などを紹介しているんです。

塚越　私たち心理士は、クライアントにすごく寄り添っているようで、構造としてはちゃんと枠があって、すごく制限があるんですね。この枠、制限の中でだけあなたと関わりますと。ただし、その枠と制限の中では絶対にあなたを傷つけませんという治療関係、治療同盟があって、それを守っているから永遠に安全な関係性というものがつくれるんです。逆に、その枠や制限がなかったら、難しいですよね。永遠にということはできないので。

学校の先生たちは、その枠や制限がない中で永遠に先生をやっていて、安心・安全なコミュニケーションをとれといわれてもそれは酷だと思います。ですから、やはり枠や制限というのは設けたほうが、お互いのためなんですよね。頼る側も頼りやすいし、頼られる側も、十分にその期待に応えることができます、**約束の範囲内だからこそ役に立つことができてお互いを守れるんです。**心理職の倫理規定ではそこもすごく重要視されています。あくまで「お互いを守るため」です。冷たいような感じはするけれど「日常の信頼関係とは違います。治療関係、治療同盟です。その範囲内であれば、私は絶対にあなたのことを傷つけないし裏切りません」ということで成り立ち、クライアントも依存しすぎないんですよね。1週間に1時間の治療だとしたら、1週間のうち1時間はこのカウンセラーが支えてくれる、それ以外の時間は全部自分でがんばるんだというふうになれます。そういう意味で、**「枠」や「制限」というのは必要でしょうね。**

真下　その枠と制限の内側こそが専門性だと思っていて、全部に責任を負うことはできないと思うんです。絞ってこその専門性だし、絞ったところに専門性を発揮するのがすごく大事だと思います。多分それは、外側から押し付けられるものではけっしてなくて、先生方が自分たちで自分はこの専門家だからここまでの範囲でしっかりその専門性を発揮していきます、というのをつくっていくのがいちばんよいだろうと考えていて、そういうことを提案できればよいと思っているわけなんです。

塚越　そうですよね。子どもたちのことに対応するといっても、夜の22時や23時まで対応してほしいと言われても困りますよね、やっぱり。たとえば、どんなに遅くても20時までです、のような制限があったほうがいいですよね。

真下　最近は学校でも、一定の時間以降は自動的に電話が留守電になるようなところも出てきているようで、これはとてもよい流れだと思っています。先生たちを無制限に仕事にしばりつけないというのは、管理職や教育委員会が先生たちの心身の健康を守るという意味でも大事だし、先生たちの「専門性」を守ってあげるという意味でもとても大切だと思います。

塚越　制限は必要ですよね。ただ、制限というのが先生を守るためだけとなると保護者が怒ったりもするので、我々のように、その枠によってあなたも守られるんですよ、という説明も必要になりますね。

真下　そうですね。先生方が守られているからこそ、子どもたちに安心・安全な環境をつくれたり、話をする時間をとることができたりするんですよね。

塚越　24時間365日対応しなければだめ、というのは、かえって人を傷つけますね。たとえば友達同士で裏切られたとか見捨てられたと感じるのは、「何でも言って、いつでもいいよ」と言っているAさんにBさんが相談して、だんだんAさんが負担になってきて、「もう無理」と切られたときに、Bさんはああ見捨てられた、裏切られたって思うんですよね。

でも、たとえば「金曜日だったら1時間話せるよ」「土曜日だったら30分話せるよ」「今は無理だけど明日の何時からだったら話せるよ」などと、制限はあるけれど1年間ずっと変わりなく対応してくれる友達は信頼できる。1ヵ月の間だけ密に対応してくれる友達と比べたら信頼できるし、相談した側も自立できるという。やっぱり、制限がないと、お互いのためになりません。

真下　やはり「制限」がキーワードですね。それを学校単位でやったほうがいいのか、それとも個別の先生のプロフェッショナル、専門性に任せるのがよいのかというのはなかなか結論の出ない問題であるとは思うのですが、いずれにしても制限が大切というのは、再確認できました。

塚越　心理は特に、「枠」と「制限」を大切にします。それを、若いうちは失敗しちゃうんです。クライアントがかわいそうになって入れ込んでしまって、一生懸命やって、耐えられなくなって、ちょっと冷たい対応をしたり不機嫌になったり、余裕がなくなってしまったりする。そうすると、クライアントはとても敏感だから、嫌われたとか、先生が冷たいとか、あんなに助けるって言っていたのに先生が裏切ったなどと、結果的にクライアントを傷つけてしまうのです。

真下　わかります、弁護士も似たようなことがあります。はじめの3年目くらいまでにやるんですよね。

塚越　絶対やるんです。やらないと、枠と制限の重要さがわからないんですよ。人を助ける仕事なので。救世主願望が出てしまうんですよね。すごく入れ込んでやってしまって、大失敗に。

真下　それは相手のためにもなりませんし、やはり「プロ」の仕事ではないんですよね。それにはじめは気づけない。先輩たちを批判的な目で見て「あんなふうに冷めたくない」と考えたりとか。

塚越　「冷たいことを言ってひどい。なんで見捨てるの」というふうにね。今は、後輩には制限の大切さばかり言っていますからね。2、3回失敗したらわかると思うけど、本当に重要だからって。

真下　失敗して気づくこともありますが、そこは本当に大事ですよね。自分の仕事は何なのか。どこまで責任を負って、どこまでは相手に負ってもらうのかというところを自分の中で明確にしなければいけないし、相手にもそれを伝えなければいけないというのは、すごく大事な職業スキルだと思います。

塚越　以前、保護者対応をしている先生方向けに、カウンセリングの技法で保護者がクレーマーにならないようにする講習を依頼されたんです。そのとき、**先生方は「枠」や「制限」を設けることにすごく抵抗感があって、全てを抱え込んでやらなければならないという思い込みがあるようだったので、そこを切り替えたほうがいいのかなと思いました。**

真下　とてもわかります。先生方自身に、全部受け入れるのが先生のやるべきことであるとか、教師の理想像であるかのようなイメージがあることが多いですよね。もちろん、保護者側がそれを押し付けている場合もありますね。

塚越　「やらないこと」に罪悪感を持っているのを感じます。「うまく対応できなくて」とか、「罪悪感につけこまれるから」といった理由で「つい22時でも23時でも電話に出ちゃうんですよね」とおっしゃっていました。

真下　そこを先生方が罪悪感を抱かないような形で説明していけたらよいなと思っています。

塚越　よくわかっていらっしゃる方もいると思うので、ちょっとずつ理解できれば現場単位で変わっていくと思います。今のモデルでは限界ですよね。内側にいる人だけががんばってそれを崩壊させないように耐えていらして、外側から見るとどうにかしなければと思うんですよね。

真下　苦しそうですよね、先生方の声を聞いていると。まず辛さが先に出て、そこを出し切った後に「とはいえ、教育ってとても尊いんですよ。教員はやりがいある素敵な仕事ですよ」と最後に出てくるんです。それを聞いているのが辛いです。本当に大変なんだと近年特に感じますね。

塚越　子どものメンタルヘルスの調査で学校に行くと、先生方から、「このストレスマネジメントは、自分自身ができていないので学びたいです。教材はありますか」と質問されることもあります。先生がそれだけ疲れていたら、子どものメンタルヘルスまで考える余裕はないですよね。

塚越先生にとって「尊厳」とは

真下　最後に、塚越先生の考える「尊厳」とは何でしょうか。

塚越　人間の存在そのものに価値があって、それに対する敬意とか尊重みたいな気持ちだったり態度だったり行動だと思います。

真下　まさに尊厳と常に向き合っている人の考え方、という感じですね。

塚越　存在そのものに対する敬意・尊重みたいなものだと思うんですね。これは私の通った中・高の学校の校訓、理念が「人間の尊厳のために」で、尊厳教育というのを6年間受けてきたので、それでこういう回答なんだと思います。人間というものの存在というのは侵すことができなくて、尊重や敬意を持つということが尊厳だと。

真下　確かに尊重や敬意が失われると、どんな人でも幸せを感じられませんから、とても重要な要素ですね。

この質問の趣旨もそうなのですが、学校が個人の尊厳が守られる場になってほしいと私は考えています。尊厳が守られ、幸せでなければ、学びやコミュニケーションも健全な形では行えないからです。そのためには、大人も子どもも「尊厳」と向き合う時間は大事だと思っていますし、そういう場や機会を今後提供していきたいと思っています。

塚越先生が今後教育に関わっていかれるなかで、実現したいことなどはありますか。

塚越　子どもたちの周りの大人を、頼りがいのある人人にしていきたいです。子どもに、ＳＯＳの出し方を教える教育というのがあるのですが、悲しいことに「一人の大人に言ってダメだったら最低三人まで頼ってみよう」って教えるのです。一人ダメなら二人目、それでもダメなら三人目って。一人目の大人が頼れるように、三人頼ったら三人に頼れるように大人を変えていきたいですね。

真下　なるほど。私が学校の先生方を勇気づけるような活動をしていきたいのも、大人に対するアプローチがとても大切だと考えているからです。

塚越　子どもが困ったときに助けたり、悩み事があったときに解決方法を教えてあげられたりするのは大人だけです。「あなたならやればできる」「大丈夫」「みんなも同じだよ」などと抽象的に言うだけでは子どもが大人に相談しなくなってしまいます。ですから、きちんと解決方法を教えてあげられる大人が増えていってほしいと思っています。

真下　そうですね。SOSの教育で、「とにかく（一人の）大人に頼りましょう」と言えるようになりたいですね。三人目まで頼るのって、よほど心がタフじゃないと難しいですよね。一人を目指したいですね。

塚越　そうですね。本当にそう思います。

【教員のメンタルヘルス相談ができる場所】

東京都教育委員会　メンタルヘルス相談事業一覧
https://www.kyoiku.metro.tokyo.lg.jp/staff/welfare/consulting.html

公立学校共済組合　教職員健康相談事業
https://www.kouritu.or.jp/kumamoto/kousei/kanri/kenko/sodan/index.html

公立学校共済組合　WEB相談・電話相談先リスト
https://www.kouritu.or.jp/content/files/kumiai/kousei/kenkosodanjigyo/kenkosodanjigyou.pdf

私学事業団　健康相談ダイヤル
https://www.shigakukyosai.jp/fukuri/kenko/kenko_03.html

厚生労働省資料　こころの相談窓口リスト
https://www.mhlw.go.jp/kokoro/teacher/access/index.html

コラム② 共に考えたい「力の使い方」

法や規範が「力」になりうることは、きっと誰もが知っていることでしょう。私たちは、相手に法や規範を示せば、相手がこちらの言うことに従ってくれる可能性があることを知っています。また誰かに不当な扱いを受ければ、法の力を用いて責任を取ってもらえる可能性があることも知っています。

しかしながら、その「力」を力として認識し、上手に適切に使えているか、というとどうでしょう。「力」を力として認識し、意識的に「使う」練習をしたことはありますか。あるいは、自分が当然に持っていると感じているその「力」は、どれほど強い根拠に基づくものかを考えたことはありますか。その「力」は、誰に対してどの程度使ってよいのでしょう。使ってよいか悪いかは誰が判断するのでしょう。そもそも、私たちはなぜ、何のためにそうした「力」を持っているのでしょう。

「力」は使い方を誤れば暴力になります。一般社会にあふれているいわゆるハラスメント事案などは、多くがその「力」の使い方を誤り、過信し、頼りすぎた結果として起こってしまっています。そもそも、使われた「力」が全く根拠のないものである場合もあるでしょう。

私たちの社会では、そうした「力」と正面から向き合う機会があまりに少ないように感じます。〝なんとなく〟その力を使い、結果〝やりすぎ〟て重大な結果を生じさせてしまうことも少なくありません。

ですから私は、これからの社会を担う子どもたちを輩出する教育現場において、一度立ち止まってこうした「力」と向き合ってみることも大切なのではないかと思うのです。自分が使っているものが「力」であるとただ認識するだけでもそこに大きな学びがあるでしょう。

もちろん、多くの場合、そこにわかりやすい「答え」はありません。しかし、法律や法的な視点を用いることにより、その向き合い方や考え方のヒントをお伝えすることはきっとできます。

ですから、私はこの本を通じて、教育現場のみなさんと「力」との向き合い方について、一緒に考えていきたいのです。

法の世界に身を置いていると、「相手の意に反して無理やり何かを強制すること」のハードルがいかに高いかを実感します。たとえば、一般によく聞く言葉である損害賠償請求も、裁判に勝訴して金額が確定したからといって自然に支払われるものではありません。被告が「払いたくない」と言って払わなければ、強制執行という別の法的手続をとって相手の財産を差し押さえなければなりません。そこにはお金も時間もかかります。

また、「相手の意に反して無理やり何かを強制すること」の最たるものである刑事罰は、それが科されることが確定するまでの間に、刑事訴訟法においてかなり厳密な手続が求められています。刑事ドラマなどでよく見る逮捕や取り調べは、刑事罰が科されるずっと前（裁判が行われるよりも前）の段階の手続ですが、逮捕から48時間以内に検察官送致（送検）されなければならず、そこから24時間以内に勾留請求しなければならないなど、時間数まで厳密に定められているのです。令状の発布や勾留の決定などに関しても、原則として警察や検察が独断で行うことはできず、裁判官または裁判所によるチェックが入ります。

つまり、大きな「力」を使う場面であればあるほど、より慎重な判断が求められるということです。こうした事実は、それだけ私たちの社会が個人の権利を保障し、個人を尊重したいと考えているからにほかなりません。私たち一人ひとりが持つ権利や尊厳というものは、時間も人手もお金もかけて慎重に判断されるに値するほど「尊い」と考えられているのです。

では、訴訟の外の社会ではどうでしょう。私たち一人ひとりの権利や尊厳は尊いものとして扱われているでしょうか。あるいは、自分自身が誰かの権利や尊厳をどれほど尊いものとして扱っているでしょうか。

「力」を意識し始めると、そうしたことも自然と見えてきます。自分が今、相手の持つどのような価値を制約しようとしているかが見えてくるからです。その価値は、本当に自分の持つ「力」で一方的に制約してしまってよいものなのか、あるいは相手の意思を尊重し、その意思に基づいて協力を仰いだほうがよいものなのかが比較的明確に見えてきます。

ただし、「明確に見える」と言ってもそれは「第三者が明確に線引きできる」とか「正しい答えがわかる」とかそういう類のものではもちろんありません。一言でいうならば、「私とあなたの『したい』を調整するための基準が自分の中で明確になる」といったところでしょうか。

本文中でも触れましたが、私たちの社会が真に個人が尊重される社会になるためには、誰かだけが不当に犠牲になってはなりません。それぞれが互いの権利を尊重し合い、互いに調整し合いながら、社会をつくっていくのです。そして、その社会の中には当然「私」も含まれます。「私」

だけが一方的に我慢し、犠牲になって誰かを尊重し続けることなど不可能ですし、そんなことは社会からも求められてはいません。そして、人は「力」を使うとき、必ずそこに実現したい目的があり、その人の希望や要望、すなわち「私」の「したい」があります。この「したい」も尊重されるに値する尊い価値なのです。

ですから、『力』を使って相手に言うことをきいてもらいたい」と人が欲するとき、そこには必ず、「私」と「あなた」の「したい」が同時に存在します。それぞれの価値を自分がどう評価し、どのように尊重し、どう調整していくのか、「力」を意識することによって、そうした基準が自分の中でできあがってきます。

そして、その調整を行うツールとして最適なものが、対話です。相手と対話をすることで、「あなた」の「したい」を把握し、同時に「私」の「したい」も理解してもらう。そうした一見回り道の方法が結果として、「私」も「あなた」も尊重される社会をつくり上げていくのです。

第3章

教員の「専門性」を尊重するために

一度ゆっくり考えてみたい「教員の専門性」

■教員は何の専門家か

私はこれまで、何度か教員の方々や教育関係者の方々に「教員は何の専門家だと思いますか」と聞いてみたことがあります。多くの方々が「教育の専門家ですよね」とまず答えます。その後さらに『教育の専門家』とはとても広い概念ですよね。具体的には何をする専門家なのでしょうか」と尋ねると、その後の答えはかなりバラバラです。

「基本的には授業の専門家」と答える方もいらっしゃいますし、「子どもの能力を伸ばす専門家だと思う」「部活動に力を入れているので、授業に加えて部活動指導の専門家とも言えるかもしれない」「広く〝教育〟と名の付くものに全部対応することが求められるポジション」などと答える方もいらっしゃいます。ある若手の教育学者の方は「考えれば考えるほどよくわからない。後から〝これは教育だ〟と言ってしまえば全部そうなるから」とおっしゃっていました。教員が専門職であることに異論はないと思いますが、「教員の専門性」の具体的内容については明確な共通認識はあまりないようです。

■専門職はその「専門性」に責任を負う

専門職は、一定の裁量のもと独自の判断を求められる職業ですから、「みんな同じ認識」である必要はそれほど高くないとは思います。ただ、ある程度の共通認識と個別の「自分の専門性はここにある」という認識はかなり重要です。

その理由はいくつかありますが、まず、私たちの時間は有限ですから、専門性を発揮する業務に優先的に時間を割かなければなりません。医師がクリニックの事務作業や受付業務を医療事務等のスタッフに任せるように、専門性を直接発揮しない業務を「行わない」ことも、自分の専門性を十分に発揮するためには必要なことです。ですから、自身の専門性をしっかり意識できていれば、業務に対する強弱を比較的明確にすることができます（強弱を付けることへの罪悪感も減ります）。

また専門職は、その「専門的知見と技術」に対価が払われ、責任を負う立場にあります。ですから、自身の専門性を意識すれば意識するほど、自分が身につけたい知見や技術に集中することができ、自分の専門性を自ら高められる〝良い循環〟に入ることができます。

もちろん教員の場合、その専門性が尊重され、今にも増してよりやりがいを感じやすくなれば、よい影響は必ず子どもたちにも還元されるでしょう。教員の利益は子どもの利益でもあるのです。

近年、教員のみなさんはあまりに多くのことを任され過ぎていて、自分が一体何の専門家なのかを見失ってしまっている人も多いように感じます。本書が少しでもそのヒントとなればとても嬉しく思います。

教員の「専門性」に含まれるのは本当に「学業」だけか

さまざまな教員や教育関係者の方々に「教員の専門性」について尋ねてみたとき、共通していたのは、教員は「学業を身につけさせる専門家」である、という点でした。学習指導要領などで求められる役割を見ても、教員免許の取得過程等を見ても、確かにその部分は揺るがない部分と言って差し支えないのでしょう。特に中・高の教員のみなさんは、科目ごとに教員免許を取得するからか、そうした意識がより高い印象があります。

ただ私は、ここにもう少し付け加えていただきたいと考えています。それは、①「子どもの安全を守る専門家」という側面と、②「自分や相手を尊重することを学ばせる専門家」という側面です。①については、判例等から比較的強く裏付けられるため、先に①について論じます。そして、②については、私の「願望」も多分に含まれているため、第6章で別途論じたいと思います（なお、こうした認識を付け加えることが教員の責任を増やすことにはつながらない、むしろ絞っていくことにつながるだろうということは次節以降に詳しく述べます）。

■「子どもの安全を守る」「自分や相手を尊重することを学ばせる」ことへのプロ意識

さて、私はこれまで多くの教員の方々と接してきたのですが、いじめや事故対応等を「本来の業務を阻害している」「家庭でやるべきことを押し付けられている」「無茶を要求されている」などと考えていらっしゃる方は意外と多いのではないでしょうか。

つまり、「教員の専門性」を教員目線で考えたとき、「学業」以外のことは「専門」というよりはむしろ、「（そう決まっているから、または仕方ないから）やらなければならないこと」と位置づけられてしまっているように感じられるのです。多忙化の問題などは、その「やらなければならないこと」

を多方面から無限に押し付けられているようなイメージがあるのではないでしょうか。

事実、いじめ問題に関し、いじめ防止法上の対応義務があるにもかかわらず「生徒の自主性を尊重する」等の理由を付けて積極的に対応しない例は多数あります。特に私立は公立よりも独立性が強く、外圧も加えられづらいため、いじめ対応がより「後回し」にされやすい傾向があるように感じます。また、進学実績が経営に直結しますから、学業がかなり重視されることもそうした理由の一つかもしれません。

本来、いじめ問題は、「自分や相手を尊重することを学ばせる」絶好の機会のはずなのですが、残念ながらそのような認識でいじめ対応に臨んでいる学校ばかりではありません。もちろん、いじめ問題が「子どもたちの安全」を損なうことは言うまでもなく、初期対応が遅れて重大事件にまで発展する例はいまだに多いでしょう。

つまり、「学業を身につさせること」に高いプロ意識を持っている先生方の数に比べると、「自分や相手を尊重することを学ばせる」ことや「子どもたちの安全を守る」ことにも同程度に高いプロ意識を持っていらっしゃる先生方の数は少ない可能性があるのです。

■〝法的な責任〟の観点から見た教員の専門性

しかし、実は〝法的な責任〟という観点から見れば、教員は、「学業を身につけさせる専門家」であることと同等、あるいはそれ以上に「子どもの安全を守る専門家」であることが求められています。

と言いますのも、一般に専門職は重い価値を扱いますから、万が一失敗した場合は法的責任を負わなければなりません。医師も弁護士も適切な専門的知見と技術を提供できず、結果として相手に損害を負わせれば賠償責任を負います。

では、教員はどうでしょう。「適切な専門的知見や技術をもって学業を身につけさせなかったこと」で何らかの法的責任を負ったという話を聞いたことがあるでしょうか。おそらくないと思います。理由はいろいろあるとは思いますが、教育の結果は法律上の〝損害〟として観念しづらいというのがその理由のうちの一つだと思いますし、そもそも教育の責任をそうした形で問うのは適切でないという根本的な思想も当然あるでしょう。いずれにしても、教員は「学業を身につけさせること」で失敗したとしても、法的な責任を負うことがほとんどないというのが現状です。

他方、教員が賠償責任を負う場合があります。それは、いじめや事故等で「子どもの安全を損なったとき」です。いじめで自死や重大事故等の結果が生じてしまった場合、その結果に至るまで、教員らが通常尽くすべき注意を払っていたか、結果を回避するために通常なされるべき対応がなされていたか、などということが問題となります。

なお、誤解がないように触れておきますが、前章で述べた通り、専門職は「結果責任」を負っているわけではありません。たとえば医師の場合、「病気を治す義務」を負っているわけではありません。そのような義務を負うことなど不可能だからです。負っているのは「適切な治療を行う義務」です。万が一、患者さんの死亡等に関して疑義が生じれば、当該医師が通常の医師であれば払うであろう注意を払い、通常の医師が有すべき技術をもって治療に当たったかという点が問題となります。

この点は教員も同様です。ですから、「結果そのもの」ではなく、「教員らが通常尽くすべき注意を払っていたか、結果を回避するために通常なされるべき対応がなされていたか」などという点が問題になるのです。これは、一般人に課される義務ではなく、教員という専門職に対して課される義務です。「専門家なのだから、しっかり管理してね」ということです。ですから、ここでの〝通常〟は最先端の科学的知見が求められる場合があるなど、かなりハードルの高いものになります。新しい法律などに関しても「知りませんでした」では残念ながら済まされません。

■教員の認識と法的に求められる位置づけとの「ねじれ」

このように教員には、「子どもの安全を守る専門家」という側面も求められているのですが、そのような認識で学び、訓練を受け、意識的に知見や技術を習得している教員の方はそれほど多くないのではないでしょうか。

特に、重大ないじめや事故などは、めったに起きるものではないので、研修なども後回しになってしまいがちです。「そんな研修を受ける時間があったら、授業の準備をさせてほしい！」というのが、教員のみなさんの本音かもしれません。

こうした教員の「学業を身につけさせる専門家」としての認識と、法的に求められる「子どもの安全を守る専門家」という位置づけの間の「ねじれ」のようなものが、教員の「負担感」や「やらされている感」につながってしまっているのではないかと私は考えています。

ですから、その「やらされている感」から少しでも解放されるためにも、「教員の専門性」の認識の中に「子どもの安全を守る専門家」という認識も加えていただきたいのです。

誤解しないで！　絞ってこその「専門性」

■教員の責任が「増える」のではない

前節では、教員には「子どもの安全を守る専門家」であることが法的に求められている現状をお伝えし、「学業を身につけさせる専門家」である意識に加えて、そうした専門家である意識も付け加えてほしい旨を述べました。

もしかすると、これにより、あたかも教員の責任が「増える」かのようなイメージを持たれる方もいらっしゃるかもしれませんが、それは大きな誤解です。

理由は２つあります。１つは、身も蓋もない言い方になってしまい恐縮ですが、みなさんがご自身の業務にどのようなイメージをお持ちになろうとも、具体的な行動を変えない限り、負わなければならない法的責任の量は変わらないからです。ご自身に「子どもの安全を守る専門家」という認識があろうとなかろうと、不適切な対応で子どもを危険にさらしてしまえば法的責任を負わざるを得ません。

２つ目は、「専門家」に対する誤解です。どのようなシチュエーションでも無制限に、専門的な知見と技術を提供し続けるのが専門家なのではありません。むしろ、専門性を発揮する場面を〝限定する〟のが専門家です。

「子どもの安全を守る専門家」というのも、「教員全員がどんな場合でも最先端の科学的知見を持って子どもたちの安全を守るべき」ことを意味しているわけではありません。ご自身の業務に必要な範囲において、子どもの安全に関する必要な知見と技術を意識的に身につけておいたほうがよいという事実を示しているにすぎません。

■「チーム」と「外部の専門家」に頼る

特に学校は、チームで子どもたちの安全を守ることができます。ですから、より深い知見を持つ先生がいれば、その先生を中心に据え、適宜その先生の指示を仰ぎながら子どもたちの安全を守っても全く問題ありません。その場合は、その先生の指示を正確に実行できるだけの前提知識や技術が最低限必要になるでしょう。

またもちろん、そうした指示を出す人が外部の専門家でも問題ありません。部活動で専門スタッフを雇う等、安全管理の〝実働〟をそうした専門家に任せてもよいでしょう。教員（学校）が子どもの安全を管理し、最終的に責任を取れる状態であればよいのです。実働まで全てを教員がやらなければならない理由はありません。

誤解を受けがちですが、「何でも知っている・できるのが専門家」ではないのです。専門性は、多大な時間と労力を割いて獲得するものですから、必然的に分野や範囲が絞られます。ですから、専門家は専門外のことは「わからない・できない」のです。むしろ、「ここまでは専門家として責任を負うけれど、これ以上は負えない」と明確にすること、わからないものは「わからない」と言うことも専門家の業務の中に含まれます。

教員の方々の中には「わからない」と明言することをひどく怖がる方がおられますが、専門外のことを「わからない」と言うことは専門家として責任ある姿勢ですから、安心してください。どうしても必要な場合は、わかるところまでを答えた上で、「後で調べておく」と言えばよいだけの話です。

■責任を負えないことはやらないのが「プロ」

むしろ、「わかっているように振る舞うこと」「わかっていると相手に誤解させること」のほうが最もやってはいけない、最も無責任な姿勢ですから、注意したほうがよいでしょう。

このことは、専門家としての仕事が「できない」のに、やってしまう場合も同様です。たとえば、建築士は建物の専門家ですが、建物それ自体を自らの手でつくるわけではありません。建物をつくるのは大工さんや建設業者の仕事です。自分の家の設計・監理業務を行っている建築士さんに「このドアをあなたに取り付けてほしい」などと依頼しても、当然「できません」と断られるでしょう。「できない」と言うことは、その専門性を疑われるような行為ではないのです。

逆に、「やる」からには、それなりの責任を負わなければならないことを意識しておいたほうがよいでしょう。もしかすると、前職が大工であるなど、「ドアを取り付けられる建築士さん」も存在するかもしれません。その場合、建物の専門家であり、その家の設計監理に責任を負う建築士が取り付けを「承諾する」という判断をしたこと自体が重視されますから、当然プロの仕事が期待されます。

責任を負えないことはやらない、あるいは誰かできる人に任せることが大切です。

以上のように、自分の専門性を意識することは、「プロとしてやらない仕事」を主体的に明確にしていく作業なのです。

ですから、自身を「子どもの安全を守る専門家」であると認識することは、自身の業務における

「子どもの安全」に関わる知見や技術を意識的に習得していくことに資するだけでなく、十分な知見と技術を提供できないことに関して「これ以上は責任を負えないからできない」と内外に明示するきっかけにもなるのです。

それは本当に教員に負わせてよい責任か？

■重すぎる責任を負わされている現状

ここまで、教員の「子どもの安全を守る専門家」としての側面に触れながら、「子どもの安全」に関する教員の責任の重さについても触れてきましたが、実際の教育現場では、そのあたりがあまり意識されていないと感じることがあります。

たとえば、人手が足りない等の理由で、運動部の顧問を、その運動について何の経験もない教員が担当させられるといった例を耳にすることがあります。教員に対するこうした業務の依頼は、担当する教員個人がよほどの熱意をもって希望していない限り（希望していたとしても）、避けたほうがよいでしょう。その運動に関するルールから勉強しなければならないとかそういった次元の問題ではなく、想定しうる事故やその予防策の確認や実践など、習得しなければならない知見があまりに多いからです。

つまり、「人手が足りない」といった教員個人にはどうしようもない、むしろ使用者側で対応しなければならない事情によって任される業務であるにもかかわらず、負わされる責任があまりに重すぎるのです。私立学校であれば、学校事故等に関して教員個人が賠償責任を負う場合もあるので、学校法人の責任でその教員を損害賠償保険に加入させる程度の手当が必要になるでしょう。

また、新型コロナウイルス対策の一環として、教員が教室やトイレ等広範囲にわたって清掃および除菌作業を行っている学校もかなりありました。一斉休校明けの状況では未だ新型コロナウイルスの威力が不透明で、細部にまでわたって清掃・除菌をしなければ危険だと考えられていたからです。

しかし、当然ながら教員は清掃・除菌の専門家ではありません。おそらくそうした研修すら受けたことがないはずです。「未知のウイルスから子どもを守る」という目的でそうした作業を行うのであれば、外部業者などの専門家に任せるのが適切だったでしょう。どうしても資力に問題がある場合は、ボランティアを募ったうえで専門家による指導を受けさせるなどの工夫も考えられたかもしれません。

いずれにしても、何の工夫も検討もなく当然に教員に任せてしまっていたのであれば、建物の専門家であるという理由だけで建築士さんにドアの取り付けをお願いする前節の例のような乱暴な議論になってしまっていたと思います。

■「本当にやらせてよいのか」という視点を持つ

そして、やはりその例と同様に、清掃・除菌の素人である教員にそれらを任せてしまうことは、教員に過剰な責任を負わせてしまうのに近かったと言えるでしょう。教員が行う以上、「私たちは清掃・除菌の素人なので、できる範囲でやっています」では済まされない可能性があるからです。「子どもの安全を守る専門家」たる側面を有する教員が「やる」と判断した以上は、それなりの質が当然に要求されてしまいます。

ですから、子どもの安全に直接関わるような業務を教員に任せる場合、学校はその重さをきちんと認識しておくことがとても大切です。「本当にやらせてよいのか」という視点を常に持ち、教員の専門性を、また教員自身を守ってあげる必要があります。

なお、その後少しずつ新型コロナウイルスの影響力が見えてきたこともあり、２０２０年８月には文部科学省によって学校・教育委員会等向けの衛生管理マニュアルが改訂され、床の消毒や机・椅子、トイレ、洗面所の特別な消毒までは不要であることや、必ずしも教員が清掃・除菌を行う必要がないことなどが明示されました。こうした文部科学省による判断は、現場の負担軽減という観点から歓迎すべきことなのだと思います。しかし、もっと早い段階で「教員にだけはやらせない」という姿勢を見せる学校や、そうした議論が（結果「教員がやらざるを得ない」という結論に至ったとしても）もう少し出てきてもよかったのではないか、というのが私の本件に対する率直な感想です。

実際問題、教員の「専門性」を守れるのは校長先生

前々節では、「できないものは『できない』と言うこと」が専門家として責任ある姿勢であると述べました。自分の専門性を高められるのは自分だけであるように、自分の専門性を守ることができるのも究極的には自分だけですから、こうした心構えで自身の教員としての専門性を守っていくことは極めて大切なことです。

しかしながら実際問題として、個人が一人だけでそれを実行・実践していくのは至難の業でしょう。勇気を出して「できない」と明言したものの、「じゃあ、その仕事は誰がやるの？」ということになるからです。タスクがタスクとして残る以上は、結局誰かがやらなければなりません。専門家同士で雑務を押し付け合ってしまうことになります。

一人ひとりが「自身の専門性を希釈化させる雑務」の存在に敏感になることで減る雑務もあるかもしれませんが、最終的には、こうした状況を解消できるのは、校務を司る立場にある校長（学校教育法37条4項）しかいません。「その仕事、やらなくていいよ」とみんなに言ってあげられるのは校長先生だけです。

現在、広島県の教育長を務めておられる元横浜市立中川西中学校校長の平川理恵先生が「校長の仕事は、やらなくてよい仕事を明示すること」とおっしゃっていましたが（平川理恵『クリエイティブな校長になろう』〈教育開発研究所〉等、参照）、本当にその通りだと思います。本来的に教員の仕事と言えないような仕事を特段検討することなく教員に任せてしまうのは、教員の専門性を軽視していることに近いのです。その専門性を尊重されて初めて、学校が教員にとってやりがいのある職場になるのではないでしょうか。

なお、どのようなことが「やらなくてよいこと」なのかについては、本書における対談者である妹尾さんのご著書にたくさんのヒントが掲載されていますのでぜひご参照ください（妹尾さんの「主な著書」は、対談の最後〈168頁〉に掲載しています）。各学校に合った解決方法を一つずつ選択していっていただきたいと思います。

校長先生も頼れる「スクールロイヤー」

■〝事なかれ主義〟の原因は恐れや不安

私は校長先生たちから直接法律相談を受けることが多いのですが、どの先生方もとても孤独だと感じます。常に〝最終的な責任〟を一人で負わなければならないわけですから、当然と言えば当然です。しかも、責任感の強い先生であればあるほど、周りに心配をかけまいとその弱さを見せませんから、心中の葛藤に周りの先生方が全く気づいていない場合もかなり多いでしょう。

ですから、私は校長先生ほど自身が抱える恐れや不安を信頼できる人と共有してほしいと考えています。そうした恐れや不安を直視しないまま学校経営をしてしまうと、どうしても硬直的で不寛容な場ができあがってしまうからです。

事実、現場の先生方が「ウチの校長は事なかれ主義で話にならない」などといった不満を漏らすことがありますが、よくよく話を聞いてみると、保護者や近隣からの激しいクレーム等の何らかの要因が校長先生を〝事なかれ主義〟にしている場合が多いように感じます。現場の先生方は知らなくても、校長先生個人の経験として、「同じことをして過去に痛い目に遭った」などという場合も当然あるでしょう。恐れや不安があれば、大胆に行動することなどできませんから、それはそれで仕方がないことなのかもしれません。

ただ他方で、「学校は校長次第で良くも悪くもなる」というのも事実です。ですから、誰よりも重い責任を負う校長先生だからこそ、〝頼れる人〟を増やしたほうがよいと私は思うのです。この〝頼れる人〟というのは、「指示を的確に実行してくれる人」だけではなく、「思考の整理に付き合ってくれる人」も含みます。

■リスクを客観視するための弁護士への相談

責任が重いということは、常にリスクと向き合わなければならないということでもあります。特に教育現場の場合は、子ども、保護者、教員、教育委員会、地域住民など利害関係者が多すぎますから、どこにどのようなリスクが潜んでいるかわからなくなってしまうことも多いでしょう。リスクを客観視するだけでもかなり不安は減少するのです。ですから、一人で抱え込まずに誰かと一緒に事案や思考を整理していくことはとても大切な作業です。

そして、こうした役割を担える役割として近年注目されているのが「スクールロイヤー」です。2020年4月から地方財政措置が講じられた制度で、弁護士会等から自治体に派遣された弁護士が校長先生等の相談に乗ってくれるというものです。弁護士はどうしても「トラブルになってから相談する人」というイメージが強いですが、「こんな対応に迷っている／困っている／これでよいか不安だ」という段階で相談できれば、問題の重大化を未然に防げるのでとてもよいと思います。各自治体によって運用が異なりますので、ご自身の自治体の制度を一度調べてみるとよいでしょう。

なお、私自身は弁護士会から自治体に派遣される活動は行っておらず、スクールロイヤーそのものではありません。ただ、スクールロイヤーの人数が少ない自治体では順番待ちをしなければならないことも多いようで、「なるべく早く意見を聞きたい！」という場合などに、お付き合いのある校長先生から直接法律相談を受けることがあります。そうした先生方によると、「調べてみたら、学校の予算等から法律相談料を捻出できる方法があった」などとおっしゃる場合が多いので、気心の知れた弁護士に法律相談をしたい場合はそうした方法を調べてみるのもよいかもしれません。

いずれにしても、使える制度はどんどん使ったほうがよいですし、校長先生には信頼できる〝頼れる人〟を積極的に増やしていってほしいです。

第3章まとめ

①　教員は「子どもの安全を守る専門家」であることも求められている
②　筆者としては「自分や相手を尊重することを学ばせる専門家」でもあってほしい
③　ただし、「専門性」は絞られてこそ発揮できる
④　わからないことは「わからない」、できないことは「できない」と言おう
⑤　校長先生は「教員の専門性」を守る最後の砦
⑥　校長先生も「頼れる人」をたくさんつくろう（例：スクールロイヤー）

【対談】妹尾昌俊×真下麻里子

教師は何のプロ?の視点から多忙化の問題を考える

妹尾さんとは、教育開発研究所主催の夏季教育管理職研修会（2019年度）の講師を務めた際に初めてお話しさせていただきました。とても重いテーマを扱っているにもかかわらず、たいへん話しやすく気さくな方で、「ぜひこの方からお話を伺いたい！」と思ったのが、今回の対談のきっかけです。

事前に何冊かご著書を読ませていただいた際は、教員のみなさんの置かれている環境の過酷さに暗澹たる気持ちになったのですが、妹尾さんとお話ししてからは「何とかなるのではないか」という気持ちになってきたのが不思議でした。きっと、誰よりこの問題を考えておられる妹尾さんご自身が希望を持っていらっしゃるからだと思います。

多忙化解消のヒントがたくさん詰まった対談になりましたので、ぜひお読みください。またゆとりがあれば、妹尾さんのご著書もぜひ読んでみてください。

真下　そもそも妹尾さんはなぜ、学校の問題に取り組もうと思われたのですか。

妹尾　野村総研で働いていた時、官公庁の調査などの仕事をしているなかで、文部科学省の調査を担当し、たくさんの学校現場を訪問しました。先生方は本当によく尽力されていると感じましたが、同時に、ヨソ者ですから、さまざまな問題も見えてきました。もっと本気で集中して教育問題に取り組みたいと思って、2016年に思い切って会社を辞めて、今は主に研修講師や執筆などをしています。

真下　その中でも多忙化に焦点を当てていくようになったきっかけはどんなことですか。

妹尾　ほんとうは、子どもたちの好奇心や創造性が高まるようなカリキュラムをどうつくっていくかなどにも関心はあるのですが、いろいろな学校現場を回っているなかで、ほとんどの校長先生方が口をそろえて「ほんとうに忙しすぎて」とおっしゃっていました。魅力的な授業づくりを進めるにも、まずは先生たちの余力とゆとりを取り戻す必要があると痛感しています。また、教師の過労死、過労自殺の事案を見聞きし、それは放っておけないという思いが強くなり、なんとかしたいという思いで、働き方改革を支援しています。

僕は教職員ではないし、先ほど申し上げたようにヨソ者なのですが、幸い取材や研修を通して教職員の友達もたくさん増えました。そういう人たちもいつ倒れるかわからないという暮らしぶりをしていて、これはおかしいだろうということをYahoo!ニュースに書いたりもしています。

多忙化の現状

真下　私が接している先生たちも、すごくやる気があって、未来を向いて新しい情報をどんどん手に入れていこうという姿勢がある方が多いです。ただ、そういう人たちほど、本当に追い詰められていると感じます。私がこの本を書きたいと思った動機も、少しでも負担を減らしたり、見方を変えて背負っている荷物を下ろしたりしてほしいという気持ちからです。今、学校を客観的に見ると、実際どのような状況に置かれているのでしょうか。

妹尾　たくさんの問題がありますが、長時間労働によって先生方の健康や教育活動にも影響が出ているというのが一つの大きな問題点です。この点については、『「忙しいのは当たり前」への挑戦』や、２０２０年５月に出した『教師崩壊』でも取り上げています。

授業をよくしたいとか、授業を通じて子どもたちを育てたいと思っている先生方はかなり多いと思います。ただ、そちらに時間とエネルギーを向けることができていないところがあります。

また、教員の育成が機能していないという問題もあります。教員採用の倍率や、大学等における教員養成の問題も指摘されていますが、採用された後の教員育成に対する余裕が、時間的にも精神的にも奪われているというのが今の状況だと思います。世代交代が進むなかで、たとえば横浜市のように半分以上が教職経験十年以下、などという状況もあります。教員育成のニーズは高まっているのに、できていないと、教室で、あるいは保護者との間で問題も起きやすくなり、その対処のために一層多忙になります。悪循環ですよね。また、多忙の問題に加えて、育成が機能していないわけですから、先生方が新しいことをやりたい、もっとアップデートしたいと思っても、なかなかそちらに向かうことはできていないのではないでしょうか。

真下　私が取り組んでいるいじめの問題でも、学校現場に余裕がないために、どうしてもそこに時間をかけることができていない状況があると感じています。いじめの問題は、人権の問題にも結びついているし、一人ひとりが尊い存在だというところに根ざした考え方に基づいて対応してはじめて予防も対処もできると思います。

でも、現状はそこに時間をかける余裕がなく、何かあったときには「とりあえず、お互いに謝る」という形になりがちです。それでは、子どもに「あなたたちは尊い」というメッセージを伝えきれないと思うのです。

ですから、できるだけ先生方の負担を少なくして、より心理的・物理的なゆとりや、専門家としての研鑽を積む時間が取れるようになってほしいと考えています。

解消のヒントは「これって何のためですか」

妹尾　そうですよね。おそらく相互に因果関係があると思います。忙しくて余裕がないから大事なところに手が回っていないという影響もあるし、大事なところが後手後手になっているから、結果的に改善せずに忙しくもなっているという。

不登校やいじめなど、子どもたちに関わる諸問題を予防するための一つの方策として、子どもたちが「自分が大事にされている」とか、「自分はだめじゃないんだ」「がんばれば世の中変わっていく」「周りも変えていける」と思えるような自己肯定感や自己効力感などが大事だということは、いろんな研究からも言われていますよね。それはたぶん、学力向上にもつながるし、いじめ等の減少にもつながって、結果的に教員の多忙改善にもつながります。

事後対応やトラブル対応ばかりになっていると、自己肯定感や自己効力感を大事にしたいということはわかっているけれど、そちらにかける比重が軽くなってしまい、結果的に悪循環になってしまう、ということはあると思います。**今回の真下さんの本がこういう根っこの部分、なぜこれが大事なのかということに戻って、ここはやっぱり大事にしていこうというメッセージが伝わるとよいなと思います。**

真下　ありがとうございます。そう言っていただけるととても嬉しいです。

　どうしても、わかりやすいほうに流れていってしまう傾向がありますよね。法の考え方も、たとえば損害賠償とか刑事罰、あるいは「ルールは守るべきです」「何かあったらペナルティがありますよ」、みたいなものってすごくわかりやすくて、相手をコントロールする「力」としてとても使いやすいです。でも、法がそのような使われ方をしてしまうことは、教育現場に窮屈さを生むだけのように思うのです。

　なぜそういう考え方が生まれているのか、どんな価値に重きを置いてそういうものが生まれたのかという

対談者

妹尾　昌俊

せのお・まさとし

　京都大学大学院修了後、野村総合研究所を経て、２０１６年から独立。文部科学省、全国各地の教育委員会・校長会等でも、組織マネジメントや学校改善、業務改善、地域協働等をテーマに研修講師を務めている。学校業務改善アドバイザー（文部科学省、横浜市、埼玉県等から委嘱）、中央教育審議会「学校における働き方改革特別部会」委員、スポーツ庁ならびに文化庁「部活動の在り方に関する総合的なガイドライン作成検討会議」委員なども歴任。５人の子育て中。

ところのほうがずっと大切だと思います。スクールロイヤーなどいろいろな形で弁護士が学校に入るという制度が進んでいますが、この根っこのところを共有することが、現場の役に立つのではないかと思っています。

妹尾　『学校をおもしろくする思考法』（学事出版）という本でも書いたのですが、研修などでスターバックスコーヒー（以下、スタバ）の日本法人についてお話しすることがあります。CEOをされていた岩田松雄さんという方が数年前に『ミッション　元スターバックスCEOが教える働く理由』（アスコム）という本を出されていて、そこでスタバの研修の特徴を書かれています。スタバに限らず、飲食店はアルバイトに支えられていますが、比較的マネジメントが簡単なのは、マニュアルを整備して、均質な、誰が来ても最低限のことができるという教育をすることで、ある程度の顧客満足度も得られます。でもスタバは、価格設定が高めということもあり、その方法では客は満足しないかもしれません。**そこでスタバの日本法人では、「○○をやりなさい」というのではなく、「なぜそれをやるのかを考えなさい」という研修に力を入れている**そうです。これは大事な視点だと思います。

学校でもつい、あれをやれ、これをやれというところに注目がいきがちだと思いますし、たとえば新型コロナへの対応でも、やりなさいと言われたからとにかく消毒をやっているというように、なぜやるのかとか、これはなんのためにやっているのかというところが軽くなりがちではないかと思います。**何をやれとかHow toばかりになると、仕事は増えていく一方です。**僕は本や研修で、「これってなんのためですか」「原点や根っこの部分を振り返ると、見直しが進むんじゃないですか」ということをよく申し上げています。

真下　確かに、「何のためか」を改めて考えることによって、何が大事で、何を削ってよいかということが見えてくるかもしれませんね。

妹尾さんと考える「教員の専門性」

真下　本書では、「先生たちは何の専門家なのか」というところにも焦点を当てたいと思っています。教育の専門家であることに間違いはないし、その点に争いもありませんが、「教育」は広すぎて、一体何のスキルを持った集団、専門家集団なのかという点が少し曖昧です。

「教員免許がある専門家」として、基本的には「教員免許がなければできないこと」を中心に専門性を発揮できる環境を整えてあげたほうがよいと考えています。

『ドクターX』（テレビ朝日）という米倉涼子さんのドラマをご存知ですか。フリーランスの医者として契約を締結する際に、医師免許が必要ない、たとえば論文の手伝いとか、学会の付き添いなどは「いたしません（一切やりません）」と宣言するんですよ。

あくまでフィクションですから、全専門家が『ドクターX』のようになるわけにはいきませんが、「専門性」って究極的にはそういうことだと思うのです。

学校は、教員免許がなくてもできることを「やらなくてはならない」状況になっていると思います。でもやる以上は、プロとしての責任も伴います。その責任だけがどんどん重くなる一方で、先生方の専門性がどんどん希釈化されて、とても苦しそうだと感じます。

妹尾　おっしゃるように、日本の先生方はマルチにたくさんのことを任されすぎていますね。特に小学校の担任の先生は、10教科近く教えて、掃除の指導もして、不登校やいじめの問題にも対応して、場合によっては保護者のカウンセラー的なことも兼務していて。また中・高では部活動の指導もやって……と、いろいろありますよね。それをもう少し限定的にしていく必要があるのではないかということで、中央教育審議会の働き方改革答申でも、学校の業務の仕分けをしました。

基本的に学校以外が担うべき業務として、**たとえば給食費などの学校徴収金の徴収・管理とか、登下校中の見守りとか、基本的には教育委員会や保護者・地域が担うべき**ということで分類しています。

もう一つは、広い意味での学校の仕事には入るけれども、教員がやらなければいけないことと、教員ではなくてもできることという形で仕分けをしました。**たとえば、掃除の指導などもです**。**部活動は必ずしも教員がやらなくてもいいです**し、とはいえ、やはり先生方がやったほうが、子どもたちをいろいろな面で見られるからよいなど、教育効果が付随してくる話でもあって、なかなか変わっていかないのも現状です。

日本社会は、欧米のようにジョブ・ディスクリプションをつくって、「これとこれはあなたの仕事です、そこに書いていないことはやらなくていいです、やってしまうと他の人の雇用を奪うことになります」というような形にはなっていません。今後どうなるかはわかりませんが、特に学校は昔からの文化のなかで、一人の先生が子どもたちをいろいろな面でケアしてきました。これは、OECDからも高い評価を受けている面もあり、文科省にもポジティブな認識もあるでしょう。また、多面的に子どもたちと接していくことにやりがいを感じている先生も多いことと思います。一方で、このままでは、いつまでも仕事は減らないし、教師の役割がどこまでも広がってしまうという負の側面や逆機能もありますから、そこは両面を見ていく必要があると思います。

教師は何の専門家かという質問については、じっくり考えないといけないと思いますが、**基本的には、教育課程の基準である学習指導要領で定められたことを、子どもたちに合うような形でアレンジをしながら授業をしっかりやっていく「授業のプロ」**ということは確かで、総論的には多くの人が納得されると思います。ではその他はどうかというと、たとえば掃除や給食の時間は、教員だけが立ち会わなければいけないわけではないので、別の方でもいいし、アウトソーシングも制度上できるはずなのですが、多くは教員が担っています。そのように**グレーな部分がすごく大きくて、そこがどんどん広がっていっているというのが現状です。**

また、教員は教えの専門家であると同時に、**学びの専門家**であるという言い方もされます。先生方が学び続けていくことは、子どもたちの学びに向かう力の育成のためにも重要だと思いますが、その余裕がないということについては危機感を持たないといけないとは思っています。

真下　本当ですね。他方で、法的な側面から見ると、学校の先生は、学びの専門家であると同時に子どもの安全を守る、教育現場での安全を確保するプロでもあります。それは結果責任を負わされるということではなく、「子どもの安全を守るために自分たちの専門的知見を生かしたか」という意味でのプロです。

法律家からすると、賠償責任を負わなければいけない事態というのは、それだけの専門性を国から任されているということですので、優先的にやってほしいと思うのですが、学びのプロだという先生方の意識と、どうしてもねじれがあると感じています。

子どもの安全が損なわれたら学びも享受できないので、安全を守ることは先生方の仕事を支える基盤でもあると思いますが、重大な事件や事故が起きるケースは少ないので、そこへの準備・手当がどうしても後手後手に回ってしまっているようにも思います。

妹尾　おっしゃるように、子どもたちの安全が確保されなければ、安心して学ぶことはできません。安全を確保するために、予見可能性があることについては、できる限りのことをするのは大事なことですし、子どもたちの安全確保が一番根底にあるということは、多くの方の共通認識だと思います。

ただ、どこまでが本当に教員の責任かというのは難しい問題です。一番わかりやすい例が、学校への不審者侵入への対応だと思います。たとえば銃を持って入ってこられたときに、多くの学校はさすまたくらいしか対抗手段がないという状況で、どうすればよいのでしょうか。これが銀行であれば、ボタンを押せば瞬時に警察に通報されるなど、それなりの設備が整えられていますが、多くの日本の学校は昭和のままです。実際に学校の先生から、「われわれは銃を持っている人に対して盾になるんですか」と言われたことがあります。これは、誰も「はい」とも「いいえ」とも言えません。先生の命ももちろん大事だということは誰もが言えますが、実際にその場面に置かれたら、子どもを守ろうとする先生も多いと思うんですよ。このように、防犯上、防災上の環境がきちんと与えられていないのに、先生の献身性だけに頼ることの問題についてはよく考えなければいけないと思います。

安全を確保するために対策を常に見直すことは、教育委員会の責任としても、校長の責任としても大事ですし、子どもたちの居場所、安全な場所としての学校の機能の大切さも、改めてこのコロナ禍で多くの方が、保護者や教職員も含めて、実感されたと思います。

真下　不審者対応の話については、そこで先生が自身の命を投げ捨ててまでも守るべきという話にしてしまうと、結果責任を負わせることにかなり近づきます。

それでは、先生たちの専門性を逆に軽視することになります。格闘の経験があるわけではないし、そういう教育をされているわけでもありません。それなのに、その責任を負えというのはあまりに無茶な要求です。

ボタンを押したら警察がすぐきてくれる銀行のようなシステムを整備することも必要なのかもしれませんし、それが難しくてもたとえば**警察を速やかに呼ぶための訓練や、警察が来るまでの十数分間だけをしのぐための研修を行うなど、「何をどこまで自分たちの責任でやるか」という主体的な切り分けの視点が非常に重要**です。そうしないと、ビルド&ビルドでどんどん先生たちの専門性は軽視され、失われてしまいます。

ですから、先生たちの専門性を守るためにどのようなシステムや仕組みが必要かという議論はどんどんしていったほうがよいと思います。

裁判では後から「あのときこうすべきだった」という話になってしまうこともあり、「これさえやっておけば絶対に責任を問われない」などと安易に言うことは残念ながらできません。

しかし、これまでの判例の蓄積等から、ある程度「押さえるべき点」がありますから、その点をプロとして意識的に押さえていくと共に、どのような仕組みをつくればそれが負担少なく押さえられるかにも教育界全体として意識的に焦点を当てていく必要があるように思います。個人のプロ意識だけに任せてしまうのは個人の負担も大きいですし、限界があると思うのです。

妹尾　子どもたちの命や健康を守るために、相当丁寧に、むしろやりすぎているかもしれないという部分と、本来もっと時間をかけるべきなのにあまりできていない部分とがあって、その両方にきちんとスポットライトを当てて考えていかなければならないですね。

たとえば今回のコロナへの対応について、文科省が2020年8月に改訂した衛生管理マニュアルでは、机・椅子の消毒や床の消毒はしなくてもよいとわざわざ書いてあります。僕は感染症の専門家ではないので、それがいいかどうかは評価できませんが、多くの学校では、文科省のマニュアルにあること以上に、かなりすよね。

頻繁に消毒作業をしていたところもあって、先生方はただでさえ忙しいのに、プラスアルファでさらに忙しくなっていました。**子どもたちの安全を守るためとはいえ、ここまではやらなくてよいとか、この辺までやっていればよい、ということは、専門家の知見を参照して、国等が言ったほうがよい**と思います。

一方で、たぶん大丈夫だろうとか、めったに起きないからといった認識で、対応が薄くなりがちなところもあって、逆にそこは忙しくてもやっぱり大事だから、しっかり対策しないといけない、とは思います。たとえば、危険性の高い組体操にこだわる一部の姿勢、あるいは猛暑で熱中症のリスクが高いなかでも、試合が近いからと猛練習する部活動など。

それがどの部分かというのは、僕や真下さんのような外の目線だから気づくということもあると思います。内部の同質性が高い中だとなかなか気づかなかったり、言われてみれば当たり前だけれどもあまり考えたことがなかったりしますし。外の目線も入れながら、丁寧すぎるところと、丁寧さが欠けているところとの両方が見えていくといいかもしれませんね。

真下　現場でもいろいろなご意見があるでしょうから、強弱は付けづらいでしょうね。そうした判断は、やはり主に校長先生がその責任において行うことになりますよね。

校長先生にできること

妹尾　もちろん文科省や教育委員会の責任でガイドしていかなければならない部分もあるとは思います。ただ、全国の学校は規模も環境も多様ですから、子どもたちのことを見ている最前線の現場で、校長が自分たちの学校の状況にあわせてやっていくということは、各学校に校長がいることの意味のひとつであると思います。

その典型的な例は、熱中症への対応です。指針や注意事項は文科省も県教育委員会ももちろん出していますが、この部活動をこんなに長い時間やっても大丈夫か、などというのは文科省が個別に判断できることではありません。たとえばそれで子どもが熱中症になってしまったら、注意義務違反を問われるのは、たぶん校長や教育委員会になると思います。個々の先生ももちろんそうですが、校長の管理監督のなかでやっていますので、校長の責任は大きいと思います。

真下　確かにその責任はかなり大きいですね。他方で、多忙化解消という観点から、校長先生が「やらない」と決めたらやらなくてもよくなる業務というのは多いのでしょうか。

妹尾　多いですね。研修でもこの図をよく使うのですが、右側がマスト、つまり法令上やらなければならないもので、左側はマストではないものです。上部はもっと時間をかけていくとか、もっと質を上げていったほうがよい領域で、下部は時間を減らしたほうがよいものです。そうすると、右側下部は、法令上やることにはなっているものの、力を抜くこともできるものになります。たとえば**指導要録は法的に作成義務があるので、校長判断でやめるということはできませんが、簡素化することは可能です**から、力を入れすぎなくてもよいという判断ができます。そもそもこの義務付けのあり方は国で検討しなければいけないことだと思いますが、現場としては、たとえば仮にこれまで2時間

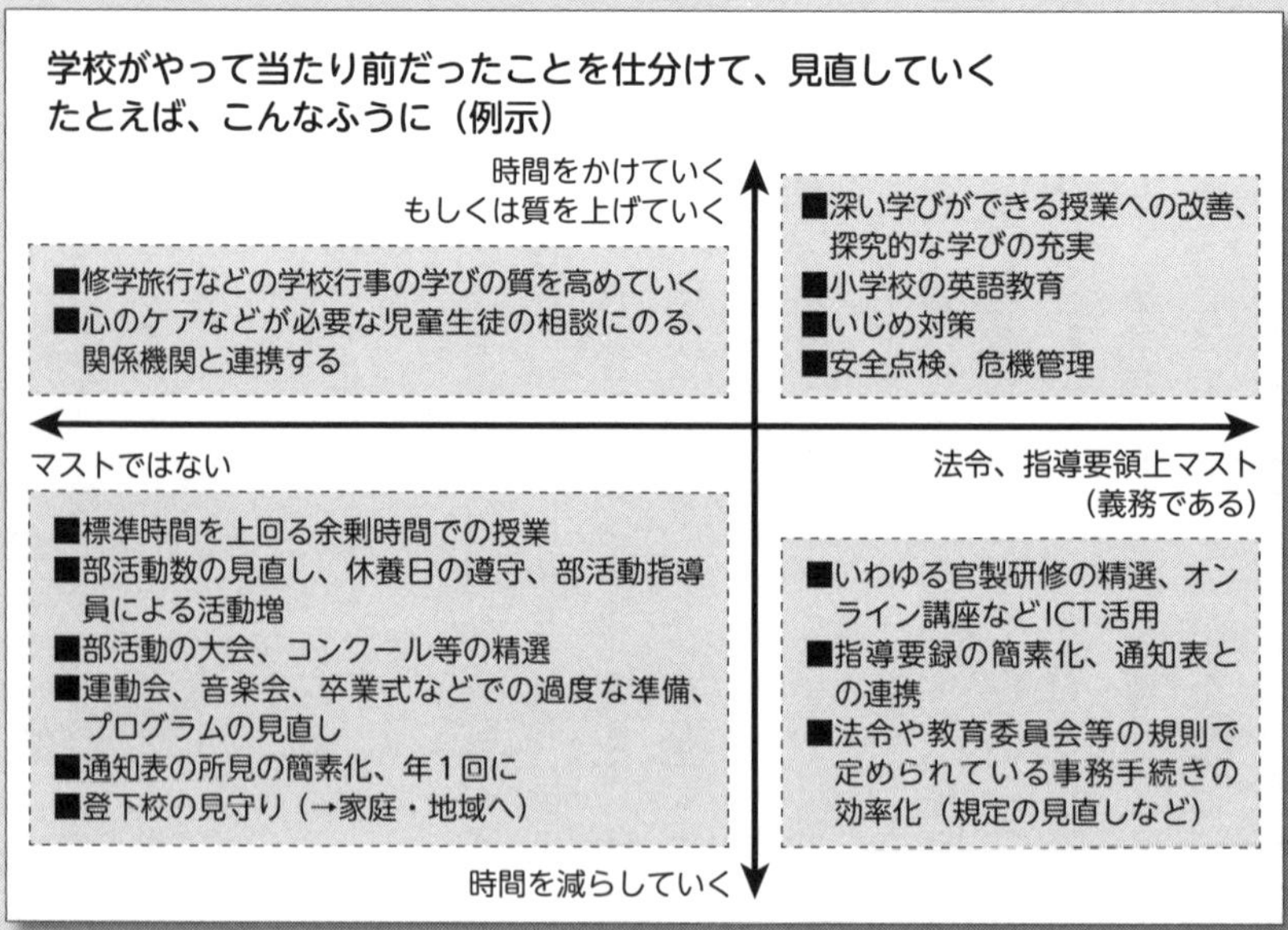
学校がやって当たり前だったことを仕分けて、見直していく
たとえば、こんなふうに（例示）
時間をかけていく
もしくは質を上げていく
■深い学びができる授業への改善、探究的な学びの充実
■小学校の英語教育
■いじめ対策
■安全点検、危機管理
■修学旅行などの学校行事の学びの質を高めていく
■心のケアなどが必要な児童生徒の相談にのる、関係機関と連携する
マストではない
法令、指導要領上マスト
（義務である）
■標準時間を上回る余剰時間での授業
■部活動数の見直し、休養日の遵守、部活動指導員による活動増
■部活動の大会、コンクール等の精選
■運動会、音楽会、卒業式などでの過度な準備、プログラムの見直し
■通知表の所見の簡素化、年１回に
■登下校の見守り（→家庭・地域へ）
■いわゆる官製研修の精選、オンライン講座などICT活用
■指導要録の簡素化、通知表との連携
■法令や教育委員会等の規則で定められている事務手続きの効率化（規定の見直しなど）
時間を減らしていく

かかっていたとしたら、30分で済ませるようにしましょう、ということはできます。

一方でマストではないものもあって、典型的な例で言えば**部活動をどうするかというのは、たとえば校長が最終的に腹をくくって、うちの学校は今まで20種類の部活動があったけれど、少子化もしているし、近隣の地域活動とも連携をとって、5年先くらいには15種類に絞っていきます、ということも可能**です。これは校長の学校経営としてできることだし、法令違反でもありません。法律にも学習指導要領にも、各中学校にサッカー部を置くことなどは書いていませんしね。

先生たちが時間を使っている業務のうち、マストではないものもかなりあります。そこを現場の裁量で改善できる余地はあるということは、これまでも講演や本などで言ってきました。とはいえ、国に考えてほしいこともあります。多忙な状況を変えていくためには、その両面が必要だと思います。

真下　これまでやってきたことを大胆に大きく削っている学校は、実際にありますか。

妹尾　よく聞かれるのですが、通知表を年一回にしたり、「そもそもなんのため」という観点で行事を見直してきたという学校はたくさんありますが、ものすごく劇的にスリム化したり、教員の時間をたくさん生み出しているという例はまだ多くはないと思います。

真下　運動会などの行事は「あるもの」だと子どもも保護者もみんなが思っていることなので、いくら勇気ある校長先生でも「行事をやめましょう」というのはなかなか大変そうですね。

妹尾　たとえば今回のコロナの影響で、卒業式は事前準備ができず、ぶっつけ本番で実施した学校が多かったです。でも中学3年生も小学6年生も、ちゃんと卒業証書をもらって、それなりに感動的な式にはなったところも多いと聞いています。僕は研修でも**「卒業式の準備はあんまりいらないということがみなさんよくわかりましたよね、来賓の挨拶も紙を配るだけで大丈夫でしたよね」とよく言っています（笑）**。卒業式での在校生からの、「卒業生のお兄さん、お姉さんありがとう」という呼びかけも、子どもたちが自発的に言うのであればいいですが、多くの学校では先生が作文したものを暗唱させているという実態があります。ですからそれも、卒業式が終わった後で個別に交流の時間を設けて、卒業生に「ありがとう」って言いたい子は自主的に言いに行けばいいんじゃないですか、と思います。

コロナ禍というのはある意味外圧ですが、そのように「そもそもなんのためか」を見つめ直すきっかけにはなったと思います。先生たちの余力や余裕がどれほど生まれるかというのはまだまだ不透明で楽観視できないことは多くありますが、学校裁量や教職員の工夫で見つめ直せることはたくさんありますね。

真下　お話を伺うと、削れる部分がけっこうありそうな気がしてきますね。

妹尾　さきほどの図でも示したように、**削ることや時短だけが主眼ではなく、時間をかけたいことをやるために時間を生み出しましょうということです。**前の話に戻りますが、子どもたちの命や一人ひとりを大事にする学校、安心な学校でありたいというのは、たぶん、みなさん同意されることだと思います。

でもそうなれていないとすれば、そうなるためのアイデアを出し合っていく必要があります。ただし、それを純粋にプラスしてしまうとビルド&ビルドでどんどん大変になっていきます。それなら、今時間をかけていることの一部を簡素にしたり、やめたりしていく必要がありますよね。

また、地域によっては伝統的に陸上競技会などをやっているところもあります。この熱中症リスクの高いなかで毎日子どもたちが練習をしている学校もあり、Twitterなどでは疑問だという教員や保護者の声もあります。各地域の伝統・慣習によるものですから、もちろん一足飛びに見直すというのは難しいかもしれないですが、できないわけではないと思います。校長や教育長は、それを変えられる立場にいらっしゃる方々なので、**教職員から出されたアイデアをふまえながら、学校として、たとえばその大会自体をやめるということはできなくても、うちの学校は今回からは参加しませんというのは、自由にできるはずです。そんなことも含めて、できる範囲のことはもっとあるんじゃないかと思いますね。**

真下　法的な責任という意味でも、熱中症リスクのある中で運動部やマラソン大会などを行うことは、安全のための管理をどの程度したかという点で注意が必要です。そうした管理の責任は先生方にあるからです。ですから、通常業務で負わなければならない責任に加えて、本当にその責任をさらに負わせてよいのかという視点は大事だと思っています。もちろん、子どもたちの安全が最も大切なのですが、その安全を守る役割を担う先生たちも守ってあげなければなりません。

校長先生には「子どもたちも守ってあげなければなりません」

校長先生には「子どもたちがやりたいと言っているからやらせてあげたい」という想いと共に、「先生方に負わせる責任が重すぎるのではないか」「負担になりすぎるのではないか」という視点も持っていただけると安心だと思います。

妹尾　校長先生には、もちろん子どもたちの命もそうですが、先生方の命も守っていくという役割を担う必要がありますし、実際安全配慮義務違反かどうかは、裁判でも問われますよね。また法律上どうかという意味だけでなく、教育者としても当然命は大事だということはみなさん思われています。

ただ一方で、校長先生たちは、自分たちはもっとハードな状況でやってきたとか、過去の経験上、成功者でもあるので正常性バイアスが働きやすいという面もあると思います。現状を変えていくためには、そこをもう少しよく考えていただくというのが一つと、**もう一つは、ちゃんと話をして保護者や子どもたちに理解してもらうことが重要だと思います。**

たとえば、オリンピックのフィギュアスケートに感動したから、フィギュアスケート部をつくりたいと言われても、指導者もいないしリンクもない普通の学校ではつくれないわけです。フィギュアスケーターになりたい子どもの夢をつぶすのかと言われても、学校ではそこまでできませんよね。

けれども、これが「サッカー部をなくします」という話になると、「サッカー部の子どもたちの青春を奪うのか」みたいなことを言われてしまいます。本来はサッカー部でもフィギュアスケート部でも、どちらもできる範囲でしかやれませんというのが本当のところでしょうから、そのあたりの軸をしっかり持つことが大切ですよね。ですから、校長は、保護者や子どもたちに「このまま希望のままに部活動が拡大していくと、子どもたちの選択が広がるなど、メリットもあるけれども、先生方が倒れてしまう可能性がある。そのようなことになれば、教育活動が停滞するし、教職員の健康を守る責任も自分にはある。だから、協力してください」と言うことが大切ですし、そう言われたら、ほとんどの保護者が納得すると思うんですよね。そうした「保護者や子どもたちの理解を得る」という校長の役割の重要性は、研修や講演などでも特に強調してお伝えしています。

真下　言葉にして可視化するだけでも違いますよね。学校では当然の前提、暗黙の了解のようなことが多いので、そこに焦点を当てて、みんなで考えていくことはとても大事だと思います。

現場は「振り回されている」？

真下　これまで学校と関わってきて感じることなのですが、学校は新しい法律や指針、あるいは世論といったものに「振り回されている」感覚があるのではないでしょうか。そうした感覚がより現場の負担感を助長し、結果として現場に法が浸透していかない原因になっているように思えます。

これはいじめの問題に限らず、さまざまな教育政策においてもあることのように思うのですが、そのあたりについて妹尾さんはどのように考えていらっしゃいますか。

妹尾　どの問題について考えるかにもよるとは思いますが、よく教育学者の方などがおっしゃるのは、日本の教育政策は「改革病」だということですね。オックスフォード大学の苅谷剛彦教授が『教育改革の幻想』（筑摩書房）という本の中でも言われているのですが、教育は誰もが理想を高く言えるので、現実のなんらかの問題点とか不満もいくらでも言えてしまうわけです。僕も自戒を込めて言っているのですが、目指すところを現場が十分できていないという言説になりやすいのです。

でも、教育では、どこまでができていて、どこまでができていないのかというのはゼロか百ではありません。教育政策を上手に動かしていくには、そういうことをきちんと多角的に検証していくことが大前提として必要だと思います。

『失敗の科学』（マシュー・サイド著、ディスカヴァー・トゥエンティワン）という本がありますが、そこではたとえば航空業界はミスを減らすのがとても得意な業界だと紹介されています。飛行機事故は起きてはいますが、確率はものすごく低く、飛行機はある意味最も安全な乗り物です。なぜそうなったのかというと、フライトレコーダーなどを使って検証をたくさんして、事故にならなかったケースも含め、航空会社を超えて共有して学ぶからです。

この本では、教育については一言も語られていませんが、僕は、教育業界でもこうした検証や反省の視点はとても大切であり、航空業界の情報共有の仕方などもたいへん参考にするべきと思います。それが後の教育政策の策定や改善につながっていくからです。

たとえば、直近では、コロナ禍の休校中の対応について振り返る必要があるでしょう。子どもたちの安心・安全を守るために、という意味でステイホームと言ってきたわけですが、ステイホームができない、またはステイホームが辛いという子も実際にいました。僕は広島県の平川教育長から依頼されて高校生の休校中の状況について調査をしたのですが、高校生ですら、家にいるのが辛かったという子が5％くらいいました。広島県の高校の生徒数は7万人程度ですから、5％でも3500人です。すごい人数ですよね。

こうした数字から、改めて、学校という存在の地域における重要性や、子どもたちにとっての教員という存在の大きさも見えてくるのではないでしょうか。

真下　確かに、一つ一つの政策を事後に検証していくことは現場に無理を強いる政策をつくらないためにも非常に重要なことですね。

他方で、先生たちの視点と国単位での視点とではどうしても差が出てきてしまうだろうし、上手に教育政策をワークさせていくには、そのギャップをどうにか埋めなければならないようにも思います。

妹尾　やはり何について考えるかによって異なると思いますが、文科省もいろいろな局や課があり、それぞれが縦割りという制約があります。たとえば、食育や給食を所管する課ではアレルギーに関する学校安全を言いますし、スポーツや学校保健を所管しているところは熱中症対策の必要性を言います。今回のコロナ禍でもそうですが、各方面から、さまざまな対応課題が学校現場に飛んできます。

ただ一方で、教育というのは地方自治に任されているものですから、**文科省からの通知などをよく見ると、「やりなさい」ではなく、「やったほうがよいですよ」と書いてあるものが多いんです。**法令違反をしていたら指導が入りますが、よほどのことがない限り、国家権力は動かせないという立て付けに制度的にもなっています。もちろん教育委員会は、各所管の学校のことを見なければなりませんが、各学校に任されている部分も多いですし、先生方にしっかりやっていただいているという前提で動いています。

ですから、国からの通知は、「改めて注意喚起のために情報提供をしますよ」という性格のものが多いです。学校の先生から見ると「あれをやれ、これをやれ」と聞こえているかもしれませんが、ほとんどが注意喚起だったり、取り組みの例示だったりしますので、その辺はよく読んでほしいですね。

また、校長や教頭に特にお願いしたいのは、国や教育委員会からの通知などについて、「これはうちの学校では確かに足りていなかった、弱点だった」ということを改めて見つめ直してみることと、「これはもうできているし、これをすべてやると大変になりすぎるから少し軽めにやりましょう」ということを、うまく検討・調整しながらやっていってほしいです。

先ほども言いましたが、行政は縦割りでいろいろな施策を出しているので、増えるという方向になりやすいです。減らすためには、総合的な調整をして優先順位付けをしなければなりません。ですから、これからは、国、行政および校長それぞれがこうした視点を持つことが必要になってくると思います。

真下　そうすると、校長先生ががんばるかがんばらないか、そういう視点を持っているか持っていないかで、だいぶ差が出てきてしまうのでしょうか。

妹尾　いじめ予防についても、働き方改革についても、校長先生の本気度が相当試されますし、**一番のキーパーソンは校長だろうと思っています。**ただ、そういったことに不熱心だったり、情報感度が低かったりする方がいらっしゃることも、残念ながら事実だと思います。たとえばそのようなときには、コミュニティ・スクールの制度をうまく使って、地域、保護者の代表者がアイデアを出すとか、あとはやはり教育委員会の役割も試されると思います。

真下　校長先生一人だけでがんばるというのは大変ですから、支えられる仕組みをうまくつくっていきたいですよね。

他方で、たとえば情報感度がそれほど高くない校長先生を動かすために、その他の先生方ががんばるというパターンもあると思うのですが、「どのように動けばよいかわからない」「どこから手をつけたらよいかわからない」ということも同時にあると思います。そういう先生たちが、一つの問題意識を持って一緒に議論したり、主体的に学校改革をしていこうとしたりするのにあたって、妹尾さんが書かれた本でおすすめはありますか。

現場の先生たちにできること

妹尾　いろいろなテーマで本を書いていますが、働き方改革に関するものでしたら『「忙しいのは当たり前」への挑戦』（教育開発研究所）、学校のビジョンやマネジメントに関するものでは『変わる学校、変わらない学校』（学事出版）、『思いのない学校、思いだけの学校、思いを実現する学校』（学事出版）という本などがあります。何からでも、よろしければ手にとっていただければと思います。

また『教師崩壊』（ＰＨＰ新書）という本は新書として出しましたが、それは保護者や一般の方にもこの問題を知ってほしいと思ったからです。僕の本に限らず、世の中にいい本がたくさんありますので、どんどん活用していただければと思います。

研修や講演をすると、テーマとする問題について、一定の理解をされている方が多く参加する傾向が強いです。でも、教育観とか価値観とか人生観が関わってくるものは、頭でわかっていても納得するのは難しいこともあります。子どもの安全や先生たちの命を守ることや、いじめの防止、授業準備にしっかり時間をかけるほうがよいというのは、みなさん同意されることですが、わかっていても踏み出せなかったり、やらなかったりということが大きな問題です。なぜそうなのか、どうしたら実行に移せるのかというのは、僕も悩んでいるところです。

そのため、先ほどあげた拙著は、事例ベースに「あなたならどう考えますか」と読者が考えられるようなつくりにしています。本を読んでくださっているというだけでもだいぶ熱心な方々ではありますが、**なるべく具体的に自分ごととして考えていただくことで、それが実際に動き出すためのエネルギーに変わるのではないかと思っています。**

真下　そうですよね。頭ではわかっていても、自分の中に落とし込めないと動けないですから、妹尾さんのご著書や考えていらっしゃることを、先生方の自己変容のきっかけにしていただけたら嬉しいです。子どもたちの「探究」と同じで、先生たちご自身の「プロジェクト」にしていただけたらよいのではないかと思っています。小さいことでも何か変わると、それが成功体験になって、より主体的に進んでいけるのではないでしょうか。それを先生たちがやることによって、子どもたちの主体性を伸ばすことにも還元できると思います。

妹尾　それはありがたいですね。研修会などで先生方からの質問は、「答えを教えてください」という系統が多い気がします。「事例はないですか」「これはどう考えたらいいんですか」「私がいけないんでしょうか」などの質問です。

そう聞きたくなる気持ちはわかるのですが、学校や人それぞれの部分も大きいので、「一概に良いとか悪いとかは言えないですよね」などとつい曖昧な答えになったりもします。元杉並区立和田中学校校長の藤原和博さんが、よく「正解主義にとらわれている」とおっしゃられていますが、学校の勉強は、どうしてもこれは○か×かみたいな感じのものが多いと思います。本当は、探究的な課題、すぐに答えが出ないもの、答えが一つとは限らないものが多くありますし、さらに働き方とか先生の人生設計というのは、人それぞれの部分があります。異なる価値をうまく調整していくとか、両立しにくいことの両立を図っていくというのは、子どもたちにも必要な力ですし、校長先生にも一般の先生方にももっと高めてほしいことだと思います。

真下　そうですね。探究ができていけば、実際に変わると思います。探究って、自分が「もしかしたらこうじゃないか」と思うことを自分なりに、誰かの力を借りながら検証していく作業ですよね。先生も子どもたちもそうした検証ができる場に学校がなるとよいと思っています。

そのためには、大人も子どもも尊重されて安心できる場であることが大切です。たとえば自分のこの問題意識は「常識はずれ」なんじゃないかとか、こんなことをしたら誰かに悪く言われるんじゃないかとか、そういう恐れがあると、まっすぐ探究していけません。先生も子どもたちも、学校で個人の尊厳や人格を尊重される必要性は、今後どんどん高まってくると思います。

最後に、妹尾さんが思う「尊厳」とはどのようなものでしょうか。

妹尾さんにとって「尊厳」とは

妹尾　大阪市立大空小学校の元校長の木村泰子先生が、大空小学校の約束事って一つだけですよという話をよくされていて、それは「自分がされていやなことは人にしない・言わない」ということです。子どもの特性でレッテルを貼って特別視するのではなく、一人ひとりを尊重して、でもやっぱり自分が嫌なことは人にもしないようにね、ということをしっかりやっていきましょうというのは、ある意味バランスのとれた、小学一年生にもわかりやすいことでいいなと思いました。

それに近いのが、本書でも対談されている熊本大学准教授の苫野一徳さんがおっしゃっている「自由の相互承認」ということで、ざっくり申し上げると「お互いによりよく生きるという自由を尊重しましょう」という意味だと僕はとらえています。

学校は何をするところかというと、その「よりよく生きる」ということをトレーニングするための基礎的な力を高められる場だということを苫野さんがおっしゃっています。そことひきつけていくと、今の先生たちの一番極端な例が過労死、過労自死やメンタルヘルスの問題など、先生方がよりよく生きるとか、自分らしく生きるということができていない、もっと平たく言うと、自分の好きな時間があまりないというのは問題かなと思っています。

「尊厳とは」という問いの答えになるかはわかりませんが、**自分の好きなことをまさに探究して追求していけるというのは、尊厳が守られているという状態に近いのかなと思います。**まずは先生方が、自分が大事にされているとか、自分が好きな時間も大事にできているということがないと、子どもたちにとってもよい影響を与えるのは難しいと思います。

たとえば、赤ちゃんが生まれて間もない頃や就学前の子育て期に、お母さんは特に自己犠牲的につきっきりになって、お母さんがお母さんでしかないみたいな感じになってしまうと、それでノイローゼになったり、自分がしんどくなったりするというのはよく言われます。作家の平野啓一郎さんが「分人」という言葉を使われていますが、一人の人間には、いろいろなパーソナリティとかキャラクターがあるはずなのに、「お母さん」という部分が強くなりすぎると辛くなるということがあると思います。

それと一緒で、**先生は先生として、子どもたちのためにがんばるという要素ももちろんあるわけですが、そればかりが強くなると、自分が好きなことや、子どもたちを離れて自分が追求したいテーマについて勉強することもできなくなります。その辺はやはり、両方大事にしていくことが大切ではないかなと思います。**

真下　学校の外側にいる私たちとしても、先生方を「先生の顔」だけに縛り付けるようなことはせず、いろいろな「顔」を尊重していかなければならないですね。そうした環境を整えることに尽力していきたいです。

【妹尾さんの主なご著書】

『こうすれば、学校は変わる！「忙しいのは当たり前」への挑戦』『「先生が忙しすぎる」をあきらめない』（以上、教育開発研究所）、『先生がつぶれる学校、先生がいきる学校』『学校をおもしろくする思考法』（以上、学事出版）、『教師崩壊　先生の数が足りない、質も危ない』（PHP新書）等。

コラム③　人種差別問題から見えること

2020年5月25日にアメリカのミネソタ州ミネアポリスでアフリカ系アメリカ人のジョージ・フロイドさんが警察官に不当に拘束されたことによって亡くなりました。結果として、この問題に対する抗議活動がアメリカにとどまらず世界的な反人種差別運動につながっていくのですが、事件発生地であるミネアポリスでは一部が暴徒化し、警察署が放火により炎上し、州知事が州兵を発動させる事態にまで発展しました。

日本においては、肌の色などの見た目だけで警察官から命を奪われるようなことはあまりなく、警察官に声をかけられた場合に心がけることを親が子どもに教えるようなこともほとんどありません。警察から突然危害を加えられるような事態をほぼ想定していないといってよいでしょう。ですから、なぜ職務質問で人が亡くなるようなことになるのか、なぜ抗議活動が暴徒化してしまうのか、なかなか理解が追い付かなった人も多かったのではないでしょうか。

しかし同時に、この事件がきっかけで黒人差別の根深さに触れ、心を痛め、学びなおし、差別問題を真剣に考え始めた人もとても多かったと思います。私自身も、黒人であるというだけで警察官から危害を加えられるおそれがあるという理由で、黒人社会では、多くの親が子に対して警察官との接し方を教えていることを知り、とてもショックを受けました。また、あまりに根深いこうした問題を解決するためにはいったいどんな手段があるのだろうと絶望的な気持ちにもなりました。

そのような中、ある2つの動画が話題になりました。1つ目は、抗議デモの現場で45歳と31歳の黒人男性が言い争っている場面から始まる動画です。45歳の男性は、暴力も必要だと述べます。自分は前の世代の人々がひどい扱いを受けているのを見てきた。神様に助けてほしいと祈ってもきた。でも、祈るだけでは誰も守ってはくれない。今立ち上がらなければならない。自分は死んでもいいから、今やらなければならないと訴えます。

これに対して、31歳の男性は、暴力では何も解決しない、実際に何も解決していない。むしろ、暴動は自分の命を危険にさらすだけであることを述べます。そして、その場にいる16歳の男性に対し、これまでやってきた自分たちのやり方では解決しない。10年後もきっと同じ問題が生じているだろう。だから、君たちにもっと〝良い方法〟を考えてほしいと訴えるのです。

困難な状況を打開しなければならないとき、人はどうしても「力」を欲します。困難であればあるほど当事者は切実で、およそキレイゴトなど言っていられません。しかし、「力」といってもさまざまな種類があります。同じ困難な状況にあっても、この31歳の男性のように、「問題を根本的に解決できる『力』は、少なくとも『暴力』ではない」と確信することができる、そういった底力が人間にはある、という希望が私には見えました。

2つ目の動画は、被害者であるジョージ・フロイドさんの弟であるテレンス・フロイドさんのスピーチです。この動画は、こうした問題の解決に向けた一定の解を導き出していると言えるでしょう。

彼は、2020年6月1日、事件現場付近において、兄の死を誰より悲しむ自分ですら破壊活動を行っていないこと、暴力では何も解決しないこと、最も効果的な手法はみんなで投票することであることを訴えました。その際に彼が述べた「Educate yourself!」という言葉はたいへん胸を打つものでした。物事は平和的な手段でも変えられる、そのためにはまず自分が学び、行動を変えていくことが大切で、それをみんなで一緒にやっていこうと述べているのです。

また同時に、彼は〝怒り〟をけっして否定していません。自分の中にある怒りを明確に認めています。そこに「在る」ことを自分自身に許した上で、行動を変えようとしているのです。むしろ、その怒りをきちんと感じられているからこそ、それを原動力として他の手段を選べるのでしょう。

一般に、「むやみに怒るべきではない」等、誰かの行動を否定するとき、同時にその感情までをも否定してしまうことがあります。否定する対象が自分自身である場合もあります。

しかし、本文中でも触れたように、自分の中に感情があることと、それを相手にそのままぶつけることとは同じではありません。逆に、相手にぶつけるその行動が社会的に適切でないからといって、自分の中にある感情までを誰かに否定されるいわれもありません。何に怒るか、何に喜ぶかといった人の感情は、その人の人格を支える重要な要素ですから、自分や他人によって安易に否定してしまうのはとても危険です。

むしろ、自分の中にそうした感情が「在る」ことを認知していくことが、自分を知る上でも、自分を認める上でも、とても大切なのです。テレンス・フロイドさんのスピーチは、そうした観点から見ても非常に示唆に富んでいます。

このように、彼のスピーチにより、自分たちの理想を実現させるためには、まず自分自身を仲間と共に変えていくことが大切であること、そのためには、自分の中にある感情を否定するのではなく、怒りすらも大切にしていくことが重要であることを再確認することができました。

そして、こうした考えは、この本を通して私がみなさんと共有していきたいことでもあります。

第4章

いじめ防止法を味方につける視点とは

「すべき製造機」から「したい」のための法律へ

■「いじめ防止法」の学校現場の受け止め

今日の教育現場は、やるべきこと、求められることが多すぎて〝飽和状態〟であると言われています。事実、教育現場に適用されるさまざまな法令、通知、ガイドラインなどを並べてみるとその量は極めて膨大です。ですから、「法律こそがまさに現場を苦しめている」と考えている教員の方々も多いのではないでしょうか。

第2章でも触れた通り、法律や決まりごとなどの「すべき」が優位になればなるほど、本来最も重要であるはずの「したい」は失われていきます。今の学校は、自身の「したい」を大きく制限され、法律や世論などの〝外側の規範〟に主導権を握られてしまっている状態と言ってよいかもしれません。弁護士2年目のときにいじめ防止法が施行され、私は同法が徐々に教育現場に浸透していく様子を、いじめ防止活動を通して体感してきました。それは同時に、法律が教育現場において、「すべき製造機」のように扱われている様子を目の当たりにしてきたとも言えるかもしれません。

実は同法が施行された当初、私は同法を解説する教職員研修は、1、2年でニーズがなくなるだろうと思っていました。法律の内容さえ現場の方々が知ってしまえば、あとは現場の判断でうまく法律を使っていくのではないかと考えていたのです。特に公立の学校は、教育委員会が主導的に研修を行うので、そうした変化が早く表れると予想していました。

ところが、その予想は大きく外れました。当時の管理職の先生方は、教育委員会や都道府県の私学の担当部局による研修により、いじめ防止法を知識としてはご存知のようでしたが、およそ〝活用する〟という雰囲気ではありませんでした。また、法の内容を現場レベルにまで浸透させていこうというお気持ちもそれほどないように感じられました。そのため、法解説の教職員研修は、その１、２年間で数回しか行いませんでしたし、管理職以外の教員の方々とお話ししていても「え？　そんな法律あるの？」といった反応ばかりでした。

そんな空気が少しずつ変わり始めたのは、施行から２年後の２０１５年、岩手県でのいじめ自死事件が大きく報道されてからです。事件のあった学校は、法の存在を認識していたものの、法の形式や体裁のみを整え、現場の教員の意識も学校の対応も施行前と施行後でほとんど変わっていなかったことが明らかになりました。

とはいえこの時点でも、いじめ防止法の存在も、同法を事実上無視してしまっていたこと自体もそれほど大きくは報道されませんでした。報じられていたのは、「いかに担任がひどい対応をしたか」という、担任個人を問題視するような内容ばかりでした。同法は、大津事件を受け、いじめ対応を担任の個人責任にせず、組織的に対応することを主たる内容とする法律です。法施行から２年も経っていたにもかかわらず、マスコミの論調すら従来のような〝担任叩き〟がメインだったのです。マスコミにも同法が全く浸透していなかったことが顕著に表れていました。私の記憶では、マスコミが大きく同法の存在を報じ始めたのは、その後、数件の自死事件が報じられた後でした。そして、それに伴い、法解説の教職員研修のご依頼が少しずつ増えていったのです。

■法律が現場の負担感を増やす悪循環

しかし、同時に聞こえてきたのは、同法に対する現場からの圧倒的な〝不評〟です。いじめの定義が広すぎるため、対応しなければならない「いじめ」の量が増えてしまったことはもちろん、〝組織的に対応〟と言われてもどうしたらよいかわからないし、むしろ煩雑で機動性を欠くといった不満をさまざまな学校の先生方が口を揃えておっしゃっていました。中には同法を「稀代の悪法」と断じる先生もいらっしゃいました。つまり、同法は〝現場感覚に即していない法律〟だったというわけです。現場からすると、マスコミや世論という外圧により、役に立たない法律を押し付けられている感覚があったのだと思います。

そのため、本当の意味での同法の浸透スピードは極めて遅く、未だに報道される自死事件も後を絶ちません。そして、その多くが第三者委員会による事後の検証などにより「法の不知」や「無理解」を指摘されています。

そうなると、世論も、いじめ被害に関わる方々等のご意向も、いじめを隠蔽させないようにしよう、どうにかして現場に法令を遵守させようと、より学校を縛る方向に動き始めます。結果、法施行から6年が経過した2019年に行われた同法の改正議論では、「同法を遵守しなかった教員に対する罰則規定を設けることの可否」が最も大きく取り上げられたのでした。

最終的に法改正はなされず、かかる罰則規定が盛り込まれるようなこともありませんでしたが、こうした一連の流れを見ていると「①新しい法律や制度ができる↓②忙しい現場は無関心↓③法律や制度が浸透しない↓④大きな事件が起きる↓⑤不浸透が問題視される↓⑥『法律に従うべき』という外圧が強くなる↓⑦現場が形式だけ整え始める↓⑧やはり法律や制度が浸透しない↓⑨大きな事件がまた起きる↓⑩〝さらに強い義務〟を課すような法律をつくろうという機運が高まる↓⑪現場の負担感がさらに増える」という悪循環が生み出されているのがわかります。

そして、私が自身の活動を通して、また本書においても、制度論のみならず各個人の問題意識などをより重視している理由がここにあります。新しい制度ができること自体は大きな一歩であることは間違いありません。しかし、たとえどれほど画期的な制度をつくったとしても、関係者個人の問題意識がそれと合致しなければ、それはどんどん形骸化していくだけです。

ですから、こうした悪循環を断つために私にできることとは、なるべく深く丁寧に学校と関わりを持つことで、現場の問題意識と法とを合致させ、法の浸透を少しでもお手伝いしていくことだと考えているのです。そのためには、各学校に「法律を上手に使いたい」と思っていただけるような活動が必要になります。そうした視点を提供することが私の役割です。

そうすることが結果的に、法律を「従うもの」から「使うもの」として捉える動きを生み出し、学校が本来持ってよいはずの〝主導権〟を取り戻すことに少しでもつながっていけばよいと考えています。

「自由」の範囲を明確にする「義務」や「禁止」もある

いじめ防止法は学校や教員にさまざまな「義務」を課していますが、これを「自分の行動を制限するだけのもの」と捉えるか、逆に「自由の範囲を明確にするもの」と捉えるかでは、大きな違いが生じます。

いじめ防止法を「稀代の悪法」と断じていた先生方はどちらかというと前者の捉え方をしていたのだと思います。もちろん、どのような捉え方をしても前者としか言いようがない場合もあるでしょうから、「何でもかんでも後者と捉えて法律に素直に従うべき」などと言うつもりは全くありません。どう考えても不利益しかもたらさない法律は、声をあげて変えていく必要があるでしょう。

ただ、いじめ防止法に関しては、後者の捉え方ができるのではないかと思っています。同法の前提には「チーム学校」の考え方があるからです。

前述の通り、いじめ防止法は、２０１１年に発生した大津事件がきっかけで制定された法律です。それまで基本的には「担任の責任」と考えられていたいじめの問題に、学校という「組織」で対応していくことになりました。これはもちろん、そのほうがいじめの早期発見につながるという「子ども保護」の視点が主たる理由ですが、他方で「重い責任を担任個人だけに負わせない」という側面も有しています。ですから、実は教員にとっては「個々人の負担を減らす」という点に着目していくことも可能なのです。

ただ、そのためには、「義務」や「禁止」を「自由の範囲を明確にするもの」と捉えることについて説明する必要があります。せっかくなので、前章で取り上げた「専門性」の話と結びつけて次節で説明いたします。

「専門性」と「制約」

■弁護士として「やってはならないこと」が弁護士を守る

実は、私たち弁護士が司法試験科目以外で、ロースクールや司法試験合格後の司法修習、弁護士登録後の弁護士会の研修において繰り返し学ぶことがあります。それは、「法曹倫理」です。弁護士会による法曹倫理研修に関しては、弁護士になってからも数年ごとに受けることが義務付けられているほど重視されています。

具体的に何を学ぶのかというと、弁護士として「やってはならないこと」を学びます。弁護士の職務は、弁護士法および弁護士職務基本規程において明確に「やってはならないこと」が定められているのです。そして、それに違反した場合は懲戒処分を受けることになり、内容によっては弁護士会からの退会を命じられることもあります。ですから「制約」としてはかなり強く重いものと言えるでしょう。

たとえば、よく問題となる例として「利益相反」(弁護士法25条、弁護士職務基本規程27、28条等)があります。Aさんと Bさんの紛争において、Aさんから先に相談を受けた弁護士が、後からBさんの依頼を受けることはできません。Aさんの利益を著しく害する可能性があるからです。このように書くと一見シンプルな内容ですが、この利益相反の規定は法律事務所単位で適用される(同規程57条等)ため、大きな事務所であればあるほど、また紛争当事者が法人であるなど大きな案件であればあるほど、検討しなければならない内容が複雑になります。また、地方都市の中には弁護士の人数が少ない地域があり、案件が重なりがちになってしまうこともあります。

そのため、弁護士は事件を受任する前に、必ず事務所内で利益相反がないかを確認します。これを「コンフリクトチェック」と言います。

法曹倫理という名の規則に縛られて自分の好きな事件を好きなように受けられないというのは、なんだかとても窮屈な感じがしますが、おそらくこの制約を「いらない」とか「無視したい」と考えている弁護士は一人もいないと思います。各規定が「やってはならない」としている事項は、どれもそれをやってしまったらクライアントの利益を害するおそれがあるもの、トラブルに直結する事項であることを実務経験上よくわかっているからです。

つまり、法曹倫理に関する規定は、「やってはならない」という禁止事項の体裁でありながら、私たち弁護士を守ってくれている存在だということです。

そして同時に、「あなたの専門性はもっと別のところで発揮しなさい」と示してくれている基準であるとも言えます。先に触れた専門職と結果責任の関係性についても、弁護士職務基本規程29条2項に「弁護士は、事件について、依頼者に有利な結果となることを請け合い、又は保証してはならない」と明示されています。「この訴訟は勝てます!」とか「必ずよい結果を出します!」などと言わなくてもプロの仕事はできるのです。むしろ、そういう発言をする〝自称弁護士〟はほぼ詐欺師であると断定してよいくらいであり(実際にそのような例は多々あります)、こうした発言はそれほどプロ意識を欠いたものです。

ですから弁護士は、そのような発言や姿勢を見せずともクライアントの信頼を得、安心感を与え、最善の専門技術を発揮する方法を意識的に身につけていくのです。

■「制約」は専門職の意識・技術の向上のチャンス

このように、一見「自分の行動を制限するだけのもの」と感じられる制約であっても、自分の進むべき方向性を示してくれる場合はあります。

次節からはいじめ防止法について主に論じていきますが、いじめに限らず、「体罰」の問題などでも同様のことが言えるでしょう。

体罰は、学校教育法11条で禁止されており、現在においては、ほとんどの教員が「体罰以外の方法」で子どもの指導に当たっているはずです。手段として「体罰を選択しない」と決めてしまえば、体罰に頼らないスキルが伸びます。「それ以外の方法」に目を向けることは、むしろ自分の可能性や選択肢を増やすことにつながるのです。

事実、体罰に頼らない努力を重ねてきた先生方は、万が一未だに体罰を用いている教員に遭遇した場合、「感覚がアップデートされていない」「プロ意識が低すぎる」「研鑽を怠っている」などと感じるのではないでしょうか。

専門職にとって制約は、その意識や技術を向上させる絶好のチャンスである場合もあるのです。なお、「制約があるからこそ専門性を適切に発揮できる」という話は、塚越先生との対談においても触れていますので、そちらもぜひご参照ください（105頁）。

また、触れるまでもないかもしれませんが、制約は「そう簡単に制限してはならない」という前提が共有されているからこそ、重みがあり、自由の範囲を明確にする役割を担うことができます。簡単に「何でもかんでもダメ」としてしまうのは単なる自由の侵害にすぎません。そうした制約に何ら民主的な裏打ちがない場合はなおさらです。この点には一応注意したほうがよいでしょう。

「使う」視点からいじめ防止法を見てみる

■いじめ防止法の課す「制約」の捉え方

さて、「稀代の悪法」と断じる先生がいらっしゃるように、いじめ防止法は確かに現場にいくつかの「制約」を課しています。

主なものとしては、①広い「いじめ」の定義（法2条1項）、②学校基本方針作成の義務（法13条）、③常設組織の設置義務（法22条）、④教職員の報告義務（法23条）、⑤重大事態の組織対応（法28条）などがあげられます。

確かに、これらを「特段の必要性もないのに従わなければならないもの」と捉えると、途端に窮屈になります。「あれやれ、これやれ」と業務を上乗せされていることになるからです。

しかし、少し視点を変えるとだいぶ見え方は変わります。

①広い「いじめ」の定義（法2条1項）

広く「いじめ」を定義し、「いじめ」に対する〝感度〟を大人も子どもも上げていけば、「気づく者」「動こうとする者」が大人にも子どもにも増える。そのため、「みんなの力」による早期発見・重大化防止が可能になる。結果として「手遅れ」になりにくいため、感情的対立の激しい保護者対応などの〝重い業務〟が減る。

②学校基本方針作成の義務（法13条）
「いじめ」に対する学校の取り組み、発生してしまった場合の対応や組織運営の概要をあらかじめ明示し周知徹底しておけば、透明性が確保され、子ども、保護者、地域住民なども安心できる。有事の際は、学校基本方針通りに動けばよいので、教員も動きやすい。万が一、対応に疑義が生じたとしても、〝日頃から周知徹底している学校基本方針〟を示せば納得を得られやすい。

③常設組織の設置義務（法22条）
最前線に立つ教員を支える組織運営にすれば、「悩ましい対応」の際にチームで検討できるため、対応ミスを減らすことができる。結果、感情的対立の激しい保護者対応などの〝重い業務〟が減る。教員個人としても、案件ごとに集合知で対応でき、安心できるだけでなく、対応スキルを迅速に身につけていくことができる。

④教職員の報告義務（法23条）
「『一人で抱え込むこと』はあなたの『仕事』ではない」という法からのメッセージ。自分の対応に

必ず誰かの目が入ることになるので、不安感を軽減できるし、思い込みによる暴走も抑止できる。

⑤重大事態の組織対応（法28条）

「重大事態」には、自死や重大な後遺障害が残ってしまうような究極的な事態のみならず、いじめが原因（その「疑い」があるときも含む）で30日程度の不登校がある場合や財産に対する重大な被害が生じた場合なども含まれる。そのため、やはりここでも早期発見・重大化防止の視点が出てくる。早めに気づいて「みんな」で対処することにより、自死等の最悪の事態を防ぐことができる。

■いじめ防止法を運用していくための条件

ただ、こうした視点を持っていじめ防止法を運用していくためには、いくつか条件があります。それは、(i)教員が子どもや保護者、地域住民等の関係者を信頼していること、少なくとも信頼関係を築くことの重要性を認識し最優先事項であると考えていること、(ii)教員同士が互いを信頼していること、少なくとも信頼関係を築くことの重要性を認識し最優先事項であると考えていることです。

たとえば、前記①「いじめ」の定義についてですが、SNSが発達した昨今、教員から見えにくい「いじめ」は以前に増して多く存在しています。ですから、教員がいじめに早期に気づくためには、子どもたちの協力は不可欠です。

この点、「先生は何でもわかっている」「何でもお見通し」という支配的な姿勢を見せてしまっていると、こうした協力を得られる余地が失われます。また、（発達段階にもよるとは思いますが）教員自らがそうした姿勢を示している以上は、子どもたちに文字通り「目を向けていなければならない」時間も必然的に増します。

ですから、早期発見・重大化防止を本当の意味で実現するのであれば、子どもたちに「先生に知らせなきゃ！」という問題意識や当事者意識を持ってもらう必要があるのです。もちろん、小学校高学年や中高生になれば「大人に報告しつつ、自分たちで解決していこう」という主体性や問題解決能力も必要になります（だからといって、大人が「放置」してよいわけではないことは言うまでもありません。企業内のハラスメントを「大人同士だから」と放置することが許されないのと同じです）。

そのためには、(i)「この先生には報告したほうがよい」と子どもたちから信頼されること、教員側としても子どもたちを「信じて、任せること」が非常に重要です。どうしたら信頼されるか、どうしたらある程度安心して任せられるかという〝仕組みづくり〟にこそ時間をかけたほうがよいのです。そして、それこそが素人にはけっしてできない〝プロの仕事〟だと思います。

また、前記④「教職員の報告義務」について、もし上司や先輩教員が後輩教員のいじめ対応に関して、「そのくらい一人で対応できないのは未熟な証拠」「すぐに相談するのは単なる甘え」等の評価を与える場合、その教員は安心して報告義務を果たすことができません。最前線に立つ教員が安心して報告し、協力を得られるためには、そうした「教員たるものこうあるべき」という「すべき」は非常に大きな弊害になります。

事実、自死事件として報道されるような重大事件の背景には、そうした「委縮して報告や相談ができなかった教員たち」がたくさんいます。教員が一人で問題を抱え込んでしまったことで重大化を止められなかった例は本当に多いのです。

ですから、(ii)やはり同僚や部下が相談しやすい雰囲気づくりやそのための仕組みづくりは何よりも大切です。

もちろん、何でもかんでも上司に丸投げしてしまうようなことになっては、上司のほうが先につぶれてしまいますから、「報告や相談を行うときは、自分なりの結論をある程度持ってから臨む」といったマナーの徹底は大切です。ただ、そのマナーですら、先に教えてあげなければ学べませんから、「当然」とか「普通そうする」などとしてしまうのは危険です。どういったことを新人に伝えておけば自分の負担にならないか、ということを検討するのも仕組みづくりの一環と位置づけたほうがよいでしょう。

なお、前記①から③で述べた「いじめ」の定義や学校基本方針の周知徹底、教員をバックアップできる組織運営などが十分にできているにもかかわらず、④教員が安心して報告できるような環境〝だけ〟が整っていないという事態はおよそ想定しがたいと思います。そういう意味では、「教員たるものこうあるべき」が強く、教員自身も安心できないような環境の学校は、まずはそこから変えていったほうがよいでしょう。

「法令を遵守すること」や「法律を上手に使おうとすること」をそうした「変革」のきっかけにしていただきたいと思います。

本書で示したような「視点」に加え、①から⑤のような法の仕組みをより具体的に活用したい場合は、前著に比較的詳しく示しましたのでぜひご参照ください。

リスク管理と「信頼関係」

■リスク管理は「相手を信じて任せること」から始まる

前節では、いじめ防止法を「使う」視点で運用していくためには、(i)教員が子どもや保護者、地域住民等の関係者を信頼していること、少なくとも信頼関係を築くことの重要性を認識し最優先事項であると考えていること、(ii)教員同士が互いを信頼していること、少なくとも信頼関係を築くことの重要性を認識し最優先事項であると考えていることの2つが大切である旨を述べました。

こうした考え方は、実は教員のリスク管理にもつながります。なぜなら、リスク管理は「相手を信じて任せること」から始まるからです。前著において私は、リスク管理の基本は①情報共有、②記録、③専門家への早めの相談、の3つであると述べています。これは具体的な実践方法を列挙したものですが（実践方法の詳細は同著をご参照ください）、その基礎を支えるものはやはり信頼関係です。

というのも、たくさんのボールを一度に抱え上げれば、いくつか腕からこぼれ落ちてしまうのと同様、業務や情報を一人で抱え込めば、その分トラブルなどのリスクは上がります。

ですから、リスクをしっかりと管理するには、抱えているボールを誰かに少しずつ手渡していくことが大切で、そのためには相手との信頼関係構築は不可避なのです。

■自分の中の「恐れ」と向き合い、主体的に手放すのがリスク管理

ところが、相手を信じて任せることは同時に「恐れ」も伴います。前節では、クラス内のいじめを

子どもが大人に報告できる仕組みなどを例にあげましたが、そうした仕組みをつくるには「先生が『完全』ではないこと」を一定程度明らかにしなければなりません。それが何を招くのか、程度を誤れば学級崩壊へ向かう一歩になるのではないか等、私の想像が及ばないような不安がきっと生じるのだと思います。もちろん、信じて任せた結果〝取りこぼし〟が起きるかもしれないといった恐怖もあるでしょう。

そうした「恐れ」から、信頼関係構築のための一歩を踏み出せない、あるいは任せきれないといったケースも多いのではないでしょうか。

しかし、先のボールの例のように、自分一人で抱えたままではリスクはリスクのまま自分の腕の中に残るだけです。結局、リスク管理とは、自分の中のそうした「恐れ」と向き合い、主体的に手放していく作業なのだと思うのです。

ただ、ここでお伝えしたいのは、そうした作業は、一人でやらなければならないわけでは全くない、ということです。誰かに不安を打ち明けてもよいですし、専門家に頼り、自分が抱えている不安や恐れの全容を専門的な知見から分析してもらうこともできます。このような「誰かを頼る」という行為もボールを人に手渡す行為であり、立派なリスク管理の一環であると思います。

ですから、仮に子どもや同僚をすぐに「信じて、任せる」ことができなかったとしても、その前段階を整えるために、教員のみなさんには学校の「外」にも頼れる人、話を聞いてくれる人をたくさんつくっていただきたいと思っています。

第4章まとめ

① 法律を、教員の「したい」を支えるものと位置づけることもできる
② 「義務」等の制約が専門性を守ることもある
③ リスク管理は「恐れ」と向き合い、主体的にそれを手放していく作業

【対談】苫野一徳×真下麻里子

学校が安心な場所になるための、対話のススメ

苫野先生のことは、ご著書やネット記事、テレビ番組などを通してもちろん存じ上げておりましたが、これまでお会いしたことはなく、今回の対談が初対面でした。

先生のお考えには賛同できる部分がとても多く、いつかご一緒してお話ししたいとずっと思っていたので、対談が決定したときは思わず自室で一人「やったー！」と声をあげてしまいました。

実は、先生とは年齢が近いだけでなく、出身大学と学部が一緒という共通点があります。私が学んでいたあの校舎に苫野先生も同時期にいらっしゃったのかと思うと本当に不思議な気持ちになります。

そこで、まずは教育学部に入学したきっかけから伺ってみました。そこからどんどん広がっていく苫野先生の教育問題に関するご見解をぜひお楽しみください。

苫野先生と教育現場

真下　苫野先生は、なぜ教育に関わろうと思われたのですか。

苫野　「教育とはそもそも何なのか」ということをつきつめたいと思って教育学部に進みました。というのは、私にとって学校が非常に居づらくて、馴染めない場所だったので、なぜ学校なんかに行かなきゃいけないのかとか、なぜこんなことを勉強しなければいけないのかという疑問が子どもの頃から根強くあって、それも考えたかったんです。そこで哲学に出会い、私の疑問が哲学で解けるぞということがわかって、教育の本質を哲学的に明らかにするという仕事をしていくよ

うになりました。それと同時に、実際に教育をよりよいものにするための活動をしたいという思いがあり、哲学を土台にすれば、多くの実践者の方の足場を築くサポートもできるということに気づいて、自然な流れで教育の実践的な世界に関わるようになったという感じです。

真下　実際に、多くの学校や行政に関わっていらっしゃいますよね。それらにおいては、どのようなことをなさっているのでしょうか。

苫野　私は、**「〈自由〉と〈自由の相互承認〉を実質化するために公教育がある」**という哲学を出しているのですが、とにかくここに常に立ち返ればぶれることはないとして、これを土台に多くの学校等に関わらせていただいています。もちろんこの原理自体、検証し続けなければいけないのですが、哲学の長い歴史のなかで積み上げてきたものとしてあるので、まずはこれを土台にしています。

あとは、**「学びの個別化・協同化・プロジェクト化の融合」**という理論を出していますので、この理論や具体的な実践に関心を持ってくださる学校や行政等とも、一緒に学校づくりなどをしています。これは、〈自由〉と〈自由の相互承認〉を実質化するためにはどうすればよいのかという実践的な理論です。

真下　幼・小・中・高など、校種を超えて活動されていますよね。

苫野　今、幼稚園と小・中学校は文化が分断されてしまっているところがありますよね。幼児教育や保育は自由保育の伝統が強いので、子どもたちの遊びこむところから学びこむところへの連続や、みんなで協同して折り合いをつけながらやっていくというところ、また異年齢保育もけっこう多いので、教育の本質としてとても素敵だなと思っています。それが小学校になったとたんに、いきなり統率的・管理的になってしまう傾向が残念ながらあって、幼・小・中・高のゆるやかな連続性を大事にしたいなという思いがあります。

真下　確かに基盤は大事ですよね。私はいじめ予防授業を中・高でやっているのですが、私がそこに焦点を当ててきた理由も、小学校と中学校の間に文化の分断があるからです。

発達段階の問題もあると思いますが、小学校で割とのびのび育っていた子も、中学校に行くと大きく変わってしまうんですよね。急に先輩・後輩という価値観が出てきたり、部活動が始まったりとガラッと文化も環境も変わってしまう。ですから、この時期に焦点を当てていじめ予防授業をやっていくことが大切なのではないかという思いがあります。

苫野　幼・小・中がなだらかにゆるやかにつながっていく感じを、もっと全国に展開していけるといいなと思っています。中学校になるとまさに文化が変わりますが、考えると不思議なことで、先輩・後輩関係がものすごく厳しくて、同質性の高い中でガチガチにされるというのは中・高だけなんですよね。もちろん大学や社会でもないことはないですが、もう少しゆるやかになっていきますよね。

特に中学校でガチガチにされることが日本社会に与える影響には、悪いものがすごくあると思います。「信頼して・任せて・待って・支える」のが教育の基本だと私はよく言っていますが、幼児教育はそういうところをとても大事にしていますよね。この文化が、そのまま中学校まで続いてほしいなという思いもあります。あとは、幼・小・中などがもっと混ざり合える環境をつくっていきたいですね。たとえば、中学生があたりまえのように幼児と関わったりするなど、日常的に多世代が触れ合えるような。同質性でガチガチにならない雰囲気、文化を味わって大人になってほしいですね。

真下　私は企業と仕事をすることもありますが、そこでも中・高に似た文化を感じることがあります。そこでしか通じないルールに基づいてハラスメントが起きることも多々あります。そのような文化は中学や高校で一度インストールされているので、社会人になったときに思い出して、またそこに戻ってしまうんですよね。

たとえ大学で一度自由になったとしても、「大学は自由すぎただけで、社会に出たらそうはいかない」と力関係の存在や「力」で相手を従わせること自体を正当化してしまいます。結果、中学・高校の文化の延長で上司や先輩が部下や後輩を抑圧してしまう、ということは本当に多いです。そういうものがない幼少期や思春期を送るほうが、社会にとってもよいように思います。

苫野　本当ですね。そういうものって、アンインストールするのがとても難しいですよね。

真下　そうですね。上司や先輩を立てるとか、先回りしていろいろやるといったことは、内容の如何にかかわらず、なんとなく〝美しい〟ように思われがちなんですよね。その感覚を一度インストールしていると、抵抗なくそこに戻ってしまう。それによって、そうできていない人を排除していく力、同調圧力みたいなものにもつながっていくので、影響はかなり大きいと思います。

苫野　まさに、いじめの観点から言っても、多様性がある程度ごちゃまぜであったほうがいじめは起こりにくいはずだという仮説のもとで、今、さまざまな学校とも関わっていて、そのあたりもこれから確かめていきたいなと思っています。

真下　ストレスがかかればかかるほど、外圧が強ければ強いほど、いじめは環境的に生まれやすくなるので、流動性があって、空気の入れ替えもできるような環境になれれば、それだけでリスクはだいぶ下がると思います。

苫野　もっともっとそういう流動性のある学校環境にしていきたいですよね。

対談者

苫野 一徳
とまの・いっとく

1980年生まれ。早稲田大学大学院教育学研究科博士課程修了。博士(教育学)。哲学者・教育学者。教育とは何か、それはどうあれば「よい」といいうるか、という原理的テーマの探究を軸に、これからの教育のあり方を構想している。公教育の本質は「自由の相互承認」の実質化にあるとし、その具体的なあり方として「学びの個別化・協同化・プロジェクト化の融合」などを提唱。

公教育と学びの個別化・協同化・プロジェクト化

真下　そうしていきたいですね。他方で、苫野先生は現在の公教育の枠組みのなかでは、どのようにしていくのがよいとお考えでしょうか。

苫野　いろいろな提言や活動をしているのですが、理論的には先ほど申し上げた「学びの個別化・協同化・プロジェクト化の融合」というのを一つの軸にしながら、学びの構造転換を成し遂げていきたいと考えています。

学びを個別化すると、一人ひとりが自分のペースや学びのあり方、また、いつどこで誰と学び合うかといったことが尊重されるため、自分がとても尊重されているという感覚を得られます。

みんなと同じようにやっていくと、ついていけないときに自分だけ苦しい思いをしたり、とにかく今これをやらなければいけないということでストレスが溜まったりします。**一人ひとりの学びが大事にされるということ、しかもそれが孤立した学びではなく、困ったら助けてと気兼ねなく言えるし、誰か困っている人がいれば助けようかと言うことが当たり前のようにできるような環境が大切です。**これを「ゆるやかな協同性に支えられた個の学び」と呼んでいるのですが、そんな学びの環境を広げていきたいです。安心して人とつながりあえて、場合によってはそっと離れることもできるような、まさに流動性がしっかり担保されている環境、こういうものをまずつくっていくのが一つですね。

プロジェクト化というのは、プロジェクト型の学び、つまり、出来合いの問いと答えを勉強するのではなく、自分で問いを立てて自分なりの仕方で自分なりの答えにたどり着くということを、個人でやってもいいし、チームでやってもいいし、ということをカリキュラムの中核にすることです。ここでは豊かな相互触発も起こります。こういった学びのあり方へと変えていくと、相互承認の感度を育むこともできるだろうというのが一つです。

そして、ゆるやかな信頼と承認の空間を学校の基礎にするということです。ただ、いきなりそれを言ってもなかなか実現できません。「何もかもみんな一緒」というシステムの中に入ってしまうと、どうしても管理統率ということをせざるを得ないので、**まずは学びの構造転換を進めることで、先生方のマインドセットも変わっていくようにしたい**なというところですね。

そのためにどうしたらいいかという具体的なことをたくさん提言しています。たとえば、軽井沢風越学園の園長・校長をしている岩瀬直樹さんが公立小学校時代から続けてきた実践で「教室リフォームプロジェクト」というものがあります。自分たちの学びの場は自分たちでつくるのが当然だよねということで、子どもたちと相談しながら定期的に教室をリフォームするんです。それがなかなか素敵で、気づけば教室の真ん中に畳が敷かれたり、囲碁将棋スペースができたり、学校に来ると不安という子のために自分のお気に入りの人形を置いておけるスペースができたりと、みんなで話し合ってみんなにとって心地の良い学校や教室がつくられたんですね。こういうことをするだけでも、**自分が安心できて、自分がいていいんだなという場所をみんなでつくれます**よね。とにかく、どうすれば一人ひとりが大事にされていて、気兼ねなく助け合える、そういう環境をつくれるかということを底に敷いて、いろんな実践を考えて広げていくというのを地道にやるしかないと思っています。

真下　とても素敵だと思いますし、私が考えていることにもかなり近くて嬉しいです。

実は今、教員の専門性について考えています。たとえば私は、法律の専門家で、中でもいじめ予防の啓発の分野で自分の専門性をつくり上げている最中です。そういうことを常に意識しながら仕事をしているし、研鑽を積んでいます。でも、学校の先生方の仕事の範囲はすごく広いので、一体何の専門家なのかわからなくなってしまっている方もかなりいるように感じます。授業や学びの専門家であることは間違いない。また、判例上、子どもの安全を守る専門家であることも求められています。ただ私としては、これらに加えて、「相手や自分を尊重することを学ばせる専門家」でもあってほしいと考えているのです。

今、苫野先生が言われたような環境をつくるのも、おそらくそういう専門家としての自信や矜持、あるいは周りがそのような専門家として教員を扱う土壌があれば、可能だと思うのです。専門知識に基づき、自信を持ってさまざまなことを子どもたちに任せられるのではないでしょうか。しかし現状は、教員の専門性には「学業を身につけさせること」ばかりに焦点が当たりがちで、その他に子ども間のトラブル等を含む「膨大な雑務」が存在しているようなイメージがあるように思います。ですから、そのあたりのマインドセットを変えていくことも大切なのではないかと考えているのですが、先生はどうしたらよいと考えておられますか。

苫野 私が自分にできることは、とにかく原理を敷き続けることだと考えています、それが一番得意なので。何のために教師は存在するのか、何のために教育があるのかという原理を説き続けるしかないと思っています。

今言われたような、教師が相手を承認したり尊重したりする、また、子どもたちのそんな感度を育むプロフェッショナルであるということは、哲学の観点からも原理的に言えることだと思います。というのは、「教育は各人の〈自由〉と社会における〈自由の相互承認〉の原理を実質化するための一番大事な制度的な土台」だということが論証されれば、先生方は子どもたちが自由になるための力と相互承認の感度を育むことが一番大事なことになるわけですよね。**相互承認の感度を育むということが教師の専門性の真ん中にある**ということも十分に論証できると思っています。

ではそのために何ができるかという具体的なアイデアもたくさんあるのですが、「何のため」というところをけっして手放さずに、いろんな実践のあり方を提言していくこと、私ができるのはそれなのかなと思っています。教員養成でも、そういうことはほとんど教えないですよね。これは大きな問題で、何のために教師が存在するのかということを学生たちが考える機会があまりないので、これについても非力ながらがんばってやっていくしかないなと思っています。

真下 私はどうしても法律というところに基づいて考えていくので、原理があって、それに向かっていく哲学的なアプローチとはやや逆方向から考えているかもしれません。判例の検討などは一つの事案を事後的に振り返っていく作業なので。

ただ、たとえば子どもの安全を守るためには、前提として相手を尊重することも学んでいく必要がありますよね、ということはある程度言えるので、そういうところで先生たちが少しでもマインドセットを変えられるようなお手伝いをしていきたいと考えています。

苫野　本当に、今こそ教育の世界に法律の力が必要だと思うんです。あまりにも法律学的なアプローチがなさすぎると感じることが多いので、ここに法律の専門家が加わってくださるのがどれだけ意義深いことかと思っています。学校の先生方も、ちゃんと法律の後ろ盾があれば力強い気持ちになれると思うんですよね。現場の慣習といったもので考えずに、ちゃんと根拠を持って言動ができるというのは、すごく勇気づけられることだと思います。そこのマインドも、もっと耕したいですね。

真下　そうですね。とても大切なアプローチだと思います。近年はスクールロイヤー制度など、法律が学校に入っていく流れができているので、それはとても大きな一歩だと思っています。ただ他方で、日本では、法律が「上から押し付けられるもの」というイメージもあって、使い方や取り入れ方を間違えてしまうと少し危険だとも考えています。たとえば「ルールは守るべきです」などと逆に子どもを抑圧するツールとして使われてしまう可能性もあります。そこには十分に気をつけていかなければならないですね。

苫野　本当は、法律やルールはすべての人が自由に生きられるためにみんなでつくり合うものなのですけどね。

真下　本当にその通りですね。ですから、少なくとも教育現場では「何の価値と向き合っているか」という点のほうが、損害賠償や刑事罰などの制度よりも圧倒的に大切です。しかし、そもそもそうした価値を尊重するために法律が存在しているという前提自体が共有されていないので、「これをやったら賠償責任を負いますよ」ということばかりに焦点が当たりがちなんです。それはそれで重要な場合もあるのですが、あまりそればかりが強調されてしまうと、子どもも先生たちももっと苦しくなってしまいますよね。

ですから、こうしたことも、法律家側があえて言っていかなければならないことだと思っています。認識のミスマッチがあるから、そこを丁寧に伝えていく必要がありますよね。

苫野　私もよく言っているのですが、日本人は特に、ルールは自由を縛るものであり、そして上から与えられるものであるというイメージがあまりにも強いです。そしてこれは、間違いなく学校の影響もあると思っています。

真下　社会の問題なのか、学校の問題なのかというのは、卵が先かニワトリが先かみたいな話で、学校がそうだから社会もそうなっているし、社会もそうなっているから学校もそうなっている、みたいなところがありますよね。

苫野　**ルールはみんなが自由になるためのものだし、上から与えられるものではなくて、近代以降はみんなでつくりあげていくものなんだということの一番の基本を学校で共有したい**ですね。そして、学校でみんなが自由になるためにどんなルールが必要かを話し合い、みんなでそのルールをつくり合うという経験をすべての子どもたちにもっと保障していく。そうすると、少しずつ市民社会が成熟していくのではないかと考えています。

「恐れ」と哲学的に向き合うには

真下　教育現場には多くの「恐れ」があると思うんです。たとえば、中学校へのスマホの持ち込みを容認する通知が文部科学省から出されましたが、子どもがスマホを持って中学校に来ることを先生方はすごく恐れています。それによっていろいろな問題が起こるのではないかという「恐れ」があって、怖いから信じられないし、子どもたちにも任せられない、だからルールを大人が決めてしまいたいという悪循環があると感じています。そうした「恐れ」と向き合うには哲学的にはどうしたらよいのでしょうか。

たとえばそこに私がいれば、法的なリスクとしてはこのぐらいですよ、具体的にはこういうことに気をつけていけばよいですよ、といった形でその「恐れ」と一緒に向き合うことができます。ただ、教育現場にはあらゆる場面でたくさんの「恐れ」がありそうなので、いつもいつでも専門家の力を借りられるわけではないと思うのです。そうした中で、問いを立てて自分から向き合う訓練ができると、そうした「恐れ」もある程度自分たちの中で管理しながら手放していけるのではないかと思うのですが。

苫野　哲学的な観点からいうと、この問い、概念がとてもおもしろいなと思いました。本題とちょっとはずれるのですが、「恐れ」という言葉って、あまり哲学では見ないなと思って。哲学だと「恐怖」とか「不安」という言葉を使うんです。「恐怖」と「不安」の第一の違いは、「恐怖」は対象性がはっきりしていること。何が怖いかがはっきりとわかる。「不安」は漠然としていますよね。何が怖いかよくわからないという。そういう違いがありますが、「恐れ」ってその中間だなと思って。漠然ともしているけれど、し過ぎてはいなくて。

これをさらに哲学的なことにからめると、**ハイデガーという哲学者が、人間存在の一番の本質として「情状性」と「了解」と「語り」という3つの契機をあげています。**「情状性」というのは、感情、気分のことですね。人間は気分存在で、「情状性」はやってきてしまうものです。それがなぜかという究極的なところはわからないのですが、何かしらの気分に常におそわれています。また人間は、それを「了解」することができる。そして、今、自分は「恐れ」にとわれていることを「了解」すれば、次にではどうしようと「語って」、問題を解決していこうとすることができます。

「情状性」というのは哲学用語で「被投性」、どうしようもなく投げ入れられているということです。この「被投性」を「了解」することで、今度は「企投性」に向かう、つまり自ら意図をもってそれをどうしようかというふうに自分の人生を自ら切り開いていくことができる、というんですね。**常に自分の存在を「了解」することで、どうあろうかということを考え、しかも「語る」、つまり他者と言葉を交わすことでその問題を解決していこうとすることができる。**言われてみれば当たり前のことを、言葉だけかっこよく言っているんですけど（笑）。

だから「恐れ」がやってきたとき、まずはその十分な「了解」をする。そして、じゃあどうしようということを一人で考えるのではなくて、対話をすることが大切です。その際、真下さんのような専門家から知識を得ることも重要です。

学校現場に圧倒的に足りないのは、そういったことを知る機会と対話をする時間です。先生方は本当に忙しすぎて、次から次へといろんなことが毎日やってくるので、一つのことをじっくり腰を据えて調べたり、本を読んで知識を得たりということが難しいと思います。でも、**そういうところになんとか時間を割いて、勉強して知識を蓄えたり対話をしたりする時間を学校現場にインストールする必要があると思います。**

真下　そうですね。哲学って「対話する」というイメージもあるのですが、なんとなく「孤独にやるもの」というイメージもあったので、多くの人と話し合うということが組み込まれているというのがかなり新鮮でした。一人でやると、本当に不安でしかないですよね。たとえば校長先生はいろいろな権限を持っているので、最終的な判断は校長先生がするということも多いなかで、校長先生が「不安だ」と言うこともできない状況だと思います。本当は、そういうところを分散して、専門家が校長先生を支えたり、「自分としてはここがちょっと手薄だと思っているんだけど、どう思いますか」といったことを気軽に言える環境を整えてあげたりすることがすごく大事だと思っています。

苫野　大阪市立大空小学校の元校長の木村泰子先生と最近何度か対談させてもらっているのですが、木村先生が素敵だと思うのは、職員室でご自身の弱いところをさらけ出してくれるんですよね。そうすると他の先生たちも、「あ、言っていいんだ」という感じになります。ことあるごとに職員室の中で雑談や対話が生まれている状態で、そうするとみんなが今の問題を持ち寄えるので、じゃあどうしたらいいんだろうということをみんなで考えられるような文化ができていく。これも、校長のリーダーシップの一つのあり方だと思います。

真下　トップの人が自己開示をしてくれると、周りも「やっていいんだ、大丈夫なんだ」と思えますよね。

苫野　「校長先生も失敗しているし、自分も大丈夫か」となりやすいですよね。私もいろんな学校に関わらせてもらっていますが、その中で**よい学校だなと思**

うところは、確実に対話の文化がインストールされています。逆にいうと、それがない学校でよい学校だと思うことはありません。ですから、意図的にそういう文化をつくっていったほうがよいと、いろいろなところで言っています。その対話の仕方も、そもそも論を考える対話の文化があるとよくて、「これはそもそもなんのためにやっているんだっけ？」というところに立ち返れるような対話の場を学校文化のなかに組み込んでいくのが大切です。その時間を取ることで、逆に先生たちの多忙も解消されたり、やるべきことを話し合えたりするわけですからね。

真下　優先順位も明確になりますね。

苫野　だから「恐れ」はすごくおもしろいテーマだなと思いますね。リスクと向き合っておられる弁護士の先生だと、「恐れ」という言葉は日常用語なんだなという新鮮な発見がありました。

真下　法律用語ではないので、他の弁護士がそう言っているかどうかはわかりませんが（笑）、でも、先生方を見ていると、怖がっているなってすごく思うんです。そして、その怖がっていることを隠そうとして攻撃的になっていることもあるように思います。

たとえばいじめ対応で、被害者側に寄り添ってあげたほうがよい場面にもかかわらず突き放してしまうことなどは比較的よくあることです。そうした場合、あまり被害者側に寄り添いすぎると「中立的でない」とクレームがくるかもしれないとか、被害者側の要求がどんどん過大になるのではないか、どんどん時間を奪われるのではないかなどという考えがあるように思うのです。そして、多くの場合、そうした学校の対応が問題を大きくしています。

その他にも信用を失ってはいけない、頼りないと思われてはいけない、しっかりしていなければいけない、正しいことをしなければいけないなどという想いが根底にあると感じることがあります。そうした不適切対応の根幹にある想いのようなものを「恐れ」と私が勝手に呼んでいるのです（笑）。

苫野　真面目さゆえのというところはあるのかもしれませんね。

真下　そうなんです。真面目だからこそ出てくるものだと思います。でも同時に、本質的な問題と向き合うことを阻害しているのもそうした真面目さかもしれないと思うんですよね。

苫野　先ほど対話と知識というキーワードを出したのですが、私がよく言うのは、対話も学校の先生だけでやらないで、生徒や保護者、地域の人など、いろんな人たちがごちゃまぜになれる場をぜひつくりましょうということです。先生方の真面目なマインドだけでやってしまうと、解きほぐすよりも強化してしまうことも多いんですね。

真下　私は学校運営協議会の委員をやっているのですが、風通しのよい学校は上手に学校運営協議会を使っていますね。協議会自体もかなりうまく回っている印象です。地域の人たちの発言も、学校を傷つけるような目線ではなく、学校にどういう利益があるか、それが結果としてどのように子どもたちの利益になるかという視点です。そうすると先生たちも勇気づけられますから、学校の運営も地域と共によい循環に入っていけます。

学校運営協議会が必ずしも浸透しない理由の一つは、地域のクレーマーのような人が入ってきてしまう可能性があるからなのではないかと思うのです。まさに「恐れ」があるから学校を開けない。

実際にそういう例もあるようですから、その「恐れ」も仕方ない部分がきっとあるのですが、そもその前提として「対話のルール」ができていない、そうしたルールをつくるという発想がない可能性もあると思います。構成員も入れ替わっていきますから、ある程度ルール化することも大切だと思うのですが、苫野先生は対話のルールとして、どのようなものを設定していますか。

「対話の場」のつくり方

苫野　学校の先生方に、対話の会を意識的にインストールしてくださいとお伝えするときに、たとえば校内研修などで、学期に最低1回は根っこの部分を青臭く話し合うような時間をつくっちゃいましょう、と言っています。「何のために先生になったのか」「どんな先生になりたいのか」「どんな学校にしたいのか」のような。こういう、それこそ自己開示にもつながるような一番の根っこのところを話し合う対話をぜひやりましょうって。でも、学校の先生だけでやると、ちょっと恥ずかしいんですよね。ですから、**プロのファシリテーターの方を入れるといいですよ、とおすすめしています。**ファシリテーターの方は、安心できる温かい対話の場をつくろうとしてくれますよね。そのことで、場の力を最大限活用できるような。

　これは実は、こういう場づくりっていいな、という気づきにもなったりするんですよね。こんな温かい場を自分も子どもたちにつくれるようになりたいと思ってくださるようです。学校の先生が、プロのファシリテーターの方から学べることもたくさんあります。

対話の作法としては、ファシリテーターの方はいろんなやり方でやられていますが、**私がやるときは、当たり前ではありますが、とにかくお互いに受容的になること、何を言ってもよいし、何を言っても受け入れて受け止めてから対話をしましょう、ということをしています。また大事にしたいのは、先ほど言った「根っこ」ですね。常に「何のため」というのを大事にするということ。そして、いかに共通了解を見出していけるかということです。ここを大事にしていきたいですね。**

真下　共通了解を一応のゴールとして、こうしましょうねというのを先に決めるということですね。

苫野　そうですね、そこを目がけたいという感じですね。もちろん、共通了解を目がけない対話もあっていいし、それが大事な時もたくさんあります。でも、話し合って終わりとか、「話し合えてよかったね」というところで終わってしまうと、対話を続けようという気持ちがなくなってしまうんです。結局「しゃべっただけ」だったとか、話すのが好きな人だけがガンガンしゃべって終わってしまったとか、そういうことが起こりうるのです。だから、私が哲学者として対話の場にご一緒する時は、できるだけ共通了解を目がけられるよう努めています。

真下　なるほど。獲得目標みたいなものがあったほうが、「やった」という感じになりますものね。時間としてはどのくらいですか？

苫野　最低やっぱり90分くらいですかね。

真下　そうですよね。結構時間が要りますよね。私がやっている研修でも、先生方が自分を出せるようになるまでにはやはり時間がかかります。でも、そこで自分を出せるか出せないかによって、なんとなく「よいお話を聞いたな」で終わってしまうか、ご自身の中の気づきを次につなげられるかというところで大きく異なってくると思います。対話であったり、自分で自分の気持ちや考えを言葉にしたりすることってすごく大事だと思うんですよね。

苫野　それは、いじめの予防についての研修会ですか？

真下　そうです。「模擬調停」というロールプレイ形式の研修です。架空の設定のもと、調停委員、加害者側の代理人、被害者側の代理人という三者にそれぞれ役を割り振って、実際に調停を行ってもらうのです。その後、その経験をもとにディスカッションするのですが、セリフのないロールプレイだと役に入らなければならないので、自分の言葉で語らざるを得ないんですよね。だから、そこで一旦「鎧が脱げる」というか、「教師」から「素の自分」になって話ができるというのは、装置としてなかなかよいのかなと思っています。

苫野　なるほど。鎧ですか（笑）。

真下　そう。みなさん鎧をすごく着込んでおられます（笑）。ですから、教員研修でいきなり「対話しましょう」と言っても、「ベテランの先生にこういうことを言っちゃいけない」とか「この場でこの発言はまずい」とか、そういうことに先に気が回ってしまうのではないかと思います。それこそプロのファシリテーターを入れない限り、かなり難しいのではないでしょうか。

　それから、実はオンラインのよさも最近感じています。模擬調停はオンラインでやっているのですが、オンラインでやると、パソコンの枠の中にみんないるじゃないですか。実世界だと、たとえば威圧的な方がいたりすると、意見を言うのをやめようかなという気持ちになりがちですが、この枠の中に入っているとみんな均一だから、意見を言いやすいようです。自分の意見をすっと言えました、といった感想も結構いただいたりします。

苫野　私もZoomで対話の会をやりますが、この均等割がいいんですよね。対等な対話者みたいな感じがするので。

真下　そうですね。その「対等感」がとても大事ですよね。そして、対面式だとなかなか難しいんですよね。

苫野　私は、すごく信頼しているプロのファシリテーターの方たちを全国各地に紹介しまくってるんですよ（笑）。とにかくこの人を呼んでくれれば、絶対にいい研修になると言って。

真下　温かい場をつくるって、とても難しいですよね。

苫野　本当に難しいですね。上手な人はすごいなぁって思います。

真下　技術と経験とがどちらもあるからこそのプロですよね。私もすごく教わりたいです。

それができるようになると、私たち弁護士が法律や判例がどうだと細かく言わなくても、うまく回る可能性はけっこうあると思います。逆に法的な「知識」の伝え方によってはかえって閉塞感だけを生んでしまうこともあります。

もちろん、「知る」というところに焦点を当てれば、私たちにはお役に立てることがいくらでもあります。でも、受け取る側の人たちがどういう心持ちでそれを聞いているのかとか、どう使いたくてその知識を得ようとしているかによって良くも悪くも変わってきてしまいます。弁護士にも、「悪徳弁護士」という言葉があるじゃないですか（笑）。同じスキルや経験を持っているけれど、それをどう使うかで良い方にも悪い方にも転んでしまう。

ですから、「自分を整える」ということ自体にも興味関心を向けることが非常に大切だろうと思っているんです。「専門職としての在り方」を自問自答できる時間や機会はとても貴重ですね。

苫野　さっきの私の言葉で言うと、「相互承認の感度を育む」というのは教育の本質なので、先生の使命、仕事の本質だと思うのですが、まさにそういう、豊かな対話文化が築けるとか、「よき対話者である」というのはそのための基本だと思います。ですから、やはり先生方がそういう経験をたくさん積まれる必要はあると思いますね。

真下　確かに。「先生と生徒」という関係性ですと、どうしても「対話者」となる機会をそれほど多くは取れなさそうですよね。意識的にそういった経験を積もうとする姿勢は大切なのかもしれません。

苫野　学校で、哲学対話をよくやるのですが、**先生も一人の参加者として、子どもとも「対等な対話者」になってもらうと、とても大きな発見があるようです。**あらかじめ何か答えがあるわけではなく、それこそ「恐れとは何か」ということなどを、みんなが納得できるように、「本質」を言葉にしていくのです。これを**「本質観取」**と言います。なるほどこれって恐れの本質をうまく言葉にしているな、という言葉を見つけ出していこうとすると、先生より子どものほうが鋭いことを言ったりもします。そうした中で「対話の中から何かが生まれるというのはこういうことか」っていう経験がどんどん貯まっていくんですよね。私は、**これからは先生が答えを持っていて子どもたちがそれを取りに行くゲームをすること以上に、子どもたち自身が探究して何か答えを見つけ出していくことの一番頼れるサポーターとしての先生ということがとても大事になってくる**と言っています。これを私は、**「共同探究者・探究支援者としての教師」**と呼んでいます。そういう経験をたくさんしていただきたいなと思います。

真下　そうですね。そこに対するプロ意識が明確にないと、そこに研鑽を積んでいこうという動機も生まれにくいので、「共同探究者・探究支援者としての教師」にも〝専門性があること〟をあえて明確にしていくことが大事かもしれません。割と誤解されがちだと思うのですが、「何でも知っているのがプロ」だと思っている方もいらっしゃいますよね。でも実際は、「何でも知っている人」は必ずしもプロではない。「自分はここで専門性を発揮します」という限定があって初めて専門性が発揮できます。専門外のことはそれほど詳しくないというか、「より詳しい人がいる」という前提があるので、本当の意味では責任を持てないはずなんです。

でも、学校の中で先生は、「何でもできて当たり前」のような空気があって、きっとそれが『わからない』ことを子どもに知られてはならない」とか「自分一人で何とかしなければならない」といった「恐れ」を生じさせている要因のうちの一つだと思うのです。「自分たちは子どもたちの探究をサポートするプロです」と自信が持てれば、そうした「恐れ」からは解放されるのかなと思います。

苫野　本当にそうですね。総合的な学習の時間でも、本来は、子どもたちが問いを出して、そこから子どもたち自身の答えにたどりつくということが、最も真正な形の探究ですけれども、少なくない先生方には「その答えを知っておかなければ」という恐れがあるようです。そうではなくて、子どもたちの問いに対して先生が何でも知っているはずがなくて、逆に、子どもたちの最も実りのある探究をサポートできる、そこに教師のプロフェッショナリティがあるんだということを、改めて意識してもらえるといいですね。

道徳教育と市民教育

真下　そうですね。いじめの問題も、どうしても大人が「答え」を決めてしまいがちなんですよね。もちろん、ある程度まではどちらに非があるといったことは言えますし、「どちらも悪い」といった形で変に曖昧にしないことはとても大事なのですが、答えを上から示してしまうと、子どもは「尊重されていない」と感じてしまいます。いじめの問題であっても、ある程度子どもを信じて議論を委ねてみてほしいと思うことがあります。

これは、道徳教育の話にもなるのですが、実はそもそも私が苫野先生とお話をしたいと思ったきっかけが、先生の「道徳教育を学校で行うべきでない理由」というインタビューの記事を拝読したからなんです。「私が日頃から抱いていた違和感を言葉にしてくださった方がいた！」と思いました。

いじめ予防の講師をしていても、「いじめは絶対だめ」と言うだけでは、本質的には何も言っていないのと同じです。それでも起きてしまう「いじめ」と、大人も子どももどう向き合っていくのかということを考えたり、議論したりしていくことが大切だと思うのです。

でも「道徳」というと、どうしても大人が子どもに対して「これが正しい」とか「一般的に『良い』とされていること」を教えるような形になってしまいます。それでは育まれるものもかなり少ないでしょうし、あまりにもったいないと思っています。道徳教育というもの自体をドラスティックに変えることは難しくても、やり方次第で実りの多いものになりそうな気もします。

苫野　そうですよね……。私は「道徳教育は原理的に言ってやるべきではない」と考えています。というのも、モラル、道徳というのは基本的には習俗の価値だからです。それぞれのコミュニティにおける共同体的な価値ですね。

近代以前はモラル社会だったので、イスラムのモラルとかキリスト教のモラル、仏教のモラルとか、その異なるモラル同士が殺し合ったわけです。ヨーロッパは特にひどくて、イスラムとキリスト教もそうですし、さらにはカトリックとプロテスタントが、同じキリスト教の中でも違うモラルをめぐって壮絶な殺し合いを続けました。

そういった多くのモラルをめぐる殺し合いにもうこりごりになったことで哲学者たちが出したのが「モラル社会をやめよう」「ルール社会に変えていこう」という考え方でした。どんなモラルの持ち主であっても、それが他者の自由を侵害しない限りは認めよう、これをルールにしようという考えです。これが近代社会の始まりで、このことがもう一度理解される必要があると思うんです。まさにそのようなルール、**つまり法に基づく社会は、人類の歴史から言うと本当に画期的なことなんです。**それまで、モラル社会であるがゆえに価値観をめぐる殺し合いがあったわけなので、「モラル教育をやろう」ではなくて、**どんなモラルの持ち主も他者の自由を侵害しない限り認めあうというルールを共に醸成していきましょう、という教育が必要です。**

それを私は**市民教育**と呼んでいるのですが、この観点で「いじめ」も語られる必要があると思うんです。というのも、ちょっと極端な言い方ですが、「モラル」で語ると逆にいじめが正当化される可能性があるからです。「我々の共同体的価値観に合わないからお前をいじめることこそが正義だ」という理屈も成り立ってしまうんですね。そうではなくて、「自由の相互承認」の原理に基づき、どうすれば異なる価値観の人たちが共存していけるんだろうかということを対話していくことがこれからの教育には必要です。こういった教育は、「道徳」という言葉をもし使うのであれば「市民道徳」といったところでしょうか。そういう相互承認の感度、あるいは相互承認に基づくルール感覚を育むことが大切なんですよね。相互承認から見てそのルールがおかしければ、それを一緒につくり直していくということもやっていく。これが学校がやるべき市民教育だと考えています。

真下 そうですね。私は「道徳」って、行う側がよほど気をつけない限り、子どもの内心の自由を侵しかねないと思っているんです。私たちは内心で何を思っていたとしても絶対的に自由なはずで、それは本来極めて重い価値であるはずなんです。

けれども、道徳教育になると急に「良い人」であらねばならない、それは「外側からみて善い行いであれば内心は何を考えていてもよい」という意味での「良い人」ではなく、心も良くて行動も良い人、「偽善」はダメで「善」が良い、という意味での「良い人」です。公教育が行うには、そこはちょっと踏み込みすぎなのではないかと思うんですね。

たとえば、本当に些細な話ですが、学校で「掃除は自主的に自ら進んでやるべき」などといった価値観ってありますよね。それが「内心の自由を侵しているかもしれない」という感覚はおそらくあまりありません。

本来なら、「やりたい」と思うか、「やりたくない」と思うかは本人の自由です。ただルール上、やることになっているとか、学級運営上、この時間内に収める必要があるから早く着手してほしいという話だったりします。あるいは、そういう積極的な態度を見せたほうが大人は喜ぶし、社会的にも好印象とか、そういう話であるはずなんです。それを、「自主的に、喜んで○○すべきだよね」「こういうふうにやるのが『良い子』だよね」としていくことによって、子どもたちが何を感じ、何をしたいと思い、何を嫌だと思うかというすごく本質的で大切な価値を、大人が壊しかねないと思うのです。

ですから、「道徳」として、しかも教科としてやる際には、かなり慎重にやらないと子どもから大切なものを奪いかねないという危機感がありました。それを哲学に基づいてお話ししてくださった記事を拝読して、本当にその通りだなと思ったんです。

苫野 本当に内心の自由に踏み込んでいますよね。それもやはり憲法学的に言ってまずいんじゃないかなって思います。

真下　そう考える余地は結構あると思います。ただ他方で、裁判所がそこについてちゃんとNOを言ってくれるかというと、それはなかなか難しいと思います。教育現場には、広い教育裁量があるからです。そういう「しつけ」的なことをやるかやらないかも含めて「教育」の領域で、そこは「教育の専門家」に任せるべきところなので、裁判所はあまりタッチしませんという姿勢ですね。何でも「違法だ」「賠償責任だ」とすることがよいわけでもないので、この裁判所の姿勢自体を一概に否定することはできません。

　ただ、裁判所が「賠償責任を負うべき違法行為である」と判断するか否かはさておき、子どもと関わる大人として、しっかり向き合っていったほうがよい大切な価値、論点なんだろうとは思っています。

苫野　哲学的には、モラル教育というのは公教育の本質から言ってやるべきではないと論証できると私は思っているんですが、今のお話は一事が万事、それにつながるなと思いました。哲学的にも法律学的にも憲法学的にも別に何の根拠もない学校での「あるべき慣習的価値」が押し付けられていますよね。「中学生らしい服装・態度」なんていうのも、厳密に言えば憲法違反ですよね（笑）。まあそこまでの判決が出ることはないとは思いますが。

　ものすごく砕いて言うと、大事なことは、「共同生活を送る中で他者の自由を侵害してはいけません」という、それだけでよいはずなんです。もしもそのような場面が出てきたら、これはどうなんだろうということをみんなが話し合えるような場があることが学校の基本でなければいけないと思うんです。

　我々一人ひとりが市民社会の担い手であるのに、学校をみんなでつくっていくという経験もせずに、どうやってこの社会をみんなでつくっていくなんてことができるんだ、と私も「市民教育」の一環としてよく言っています。やはり、学校というのは、「自分たちのコミュニティは自分たちでつくる」という経験を保障する必要があります。「これに従いなさい」ということを押し付けるのは、学校教育の原理に反するのです。「そうは言ってもね」とよく言われますが、こうすればというアイデアはいくらでもあるので、まずは根本のところをもっと共有していかなければと思いますね。

真下　そうですね。これは教育現場に限らず、どの分野でもある話だと思いますが、どうしても、現実に思考を合わせたくなってしまいますよね。これも「恐れ」の一種かもしれませんが、たとえば「余計なことに気を取られて学校全体の成績が落ちたらどうしよう」などと思い始めてなかなか思い切った行動ができない。差し迫った具体的な弊害に直面しない限り、とりあえず「目の前の現実」を優先したい。そうすると、それを「原理」ではなく「理想」という言葉に置き替えて、『理想』はそうかもしれないけれど、今は一旦置いておいて、また今度考えましょう」となってしまいがちですよね。

でも他方で、「本来はそうしたほうがいいんだろうな」という考えが頭の片隅にでもあると、少しずつそちらに寄っていくようなところもあると思います。ですから、時間はかかるかもしれませんが、あの手この手で言い続けていくことが大切なんだろうと思っています。

先ほど言ったように教育裁量は広いですから、法律論でガチガチ詰めていくと、難しいことは結構あるんです。「こういうふうにも考えられるよね」くらいの位置づけでしか言えない部分も多いです。でも、その「こういうふうにも考えられるよね」とか、「こう考えたほうが子どもたちのためになりませんか」といったことを言い続けていくことが大切だし、結果として同じように考えてくれる人たちが増えていってくれたらいいなと思っています。

苫野　何のために学校は存在しているのか、何のために先生は存在しているのか、そのためにどう在ればよいのかという、その原理のところから徐々に徐々に具体度を上げていくような対話を続けるしかないと思いますね。

これからの教育現場の「支え方」

苫野　真下さんにぜひお聞きしたいなと思うことは、こういう「原理」的なところから話をしていると、「あれ、別にこれって必要ないね」とか「手放していいね」となるんですが、実際、日常で先生方がなかななかこうならないのは、まさに「恐れ」があるからだと思うんですよね。この「恐れ」って、自縄自縛的というか、よく解きほぐしてみると大して恐れる必要もないことなのに、みんなで恐れを拡大共鳴させている、こういうことってありませんか。みんなで苦しめ合っている感じというか。

真下　ありますね。かなりあると思っています。まず、物事を根本的に変えてしまうのは怖いというのは当然ありますよね。それに加えて、「失敗は許されない」とみんなが〝信じて〟いますね。私たちの社会って失敗を許してくれない社会だって信じている。それは法的責任を超えて、モラルベースで失敗しちゃいけないというのがかなりあって、その根深さはすごく感じますね。

苫野　教育こそ本当は安心して失敗ができる場でないといけない。それが基本中の基本なのに、教育の場で失敗させてもらえなくて一体どこで失敗して成長するんだってことですよね。

真下　そうですよね。子どもたち以上に先生たちが「失敗できない」と思っていますからね。やはり先生たちも試行錯誤できる機会がないといけない。本当は、先生たちだって、子どもの安全を損なうような重大なことにならない限りは失敗してもいいはずなんですよね。でもそこが許されない。少なくとも今の教育現場では、いろいろなところからいろいろな声があがってくるじゃないですか。保護者だけでなく、地域の人たちからもクレームがきたりするし。そういう意味では「予想外に大ごとになったらどうしよう」という「恐れ」でガチガチになってしまっていますよね。ですから、教育現場からそういうものを少しでも取り除いていくことはかなり重要だと思いますね。

苫野　その観点からすると、先ほど申し上げたことも含めて具体的な道は3つだと思っています。**一つは対話とコミュニケーションの場のインストール、一つは学びの構造転換です**。プロジェクト型の学びがうまく推進されていくと、「失敗して当然」という共通認識ができあがってくるんですよね。そして一人ひとりの学びを尊重するのが当然という前提ができてくると、その場をサポートしていこうという感覚が生まれてきます。それと**もう一つは真下さんのような専門家のサポートですね**。知らないことを補ってくれる方がたくさんいてくださるといいなと思います。学校の先生方って、サポートされている感じがあまりないですよね。

真下 そうですね。かなり自分たちで抱え込んでしまっている感じがします。

苫野 そうなんですよ。だから、支えてもらってよいんだという感覚を社会全体、学校全体、教育委員会全体でつくらないと、先生たちの孤立感が止まらない。日本の学校は特に、学級担任制もそうですが、一人の先生の両肩にほとんどすべてを背負わせるシステムになってしまっています。そうすると、たとえば「問題が起こって隣のクラスと差が出たら困る」とか、そういう感じもどうしても出てきてしまいます。千代田区立麹町中学校では「全員担任制」というものをやっていますが、ああいった形で支え合う、そして外部の専門家にも助けてもらってみんなで支え合うという文化ができればよいですよね。この3つを意識しながら、学校教育界を少しずつ、より温かい場所にしていきたいと思っています。

真下 そうですね。学校はいろいろ任されすぎて、絞り切れていないようなところもありますよね。さまざまな行事や部活動があれば、子どもは選ぶことができるし、経験から学ぶこともできるので、その一つひとつが大切だというのはとてもよくわかります。

でも、学びを探究型のものにしたり、発表の方法を自由にしたりするなどのアイデアによって、行事や部活動ではないところで同じような経験をすることも可能性としてはきっとあるんだと思うんですよね。いろいろやればやるほど、手を広げれば広げるほど先生たちが負う責任はどんどん増えていきます。当然、法的に負う責任も重くなっていく。そこをアイデアを出し合って、別の形で実現していくほうが、先生たちが負担しなければならない責任も減っていくんだろうと思います。

苫野 経験値の問題だと思うのですが、先生方は背負い込む経験ばかりになってしまっているので、それ以外の経験というものがあまりないんですよね。たとえば、ここは真下さんのような弁護士の方が支えてくれるんだと知ったり、ここは教育センターがサポートしてくれるんだという経験をしたりすること、そして、特に教育委員会が、「我々が徹底的に支援しますよ」

というメッセージを発し続けるのはすごく大事だと思います。もちろん、たとえばいじめを見て見ぬ振りしている学校現場があったりしたら、そこは厳しく監督していかなければなりませんが。ほかにも、子どもたちに委ねてそれをサポートしていくやり方のほうが子どもたちがぐっと成長していくというのを目の当たりにすれば、もう戻れないですよね。このような経験値を、どうやって高めていくかというのが課題です。

真下　成功体験があるとよいですよね。

苫野　「手ごたえ」があれば戻れませんよね。たとえば私は、教員研修について、法定研修は別にしても、それ以外の悉皆集合型研修はできるだけ減らしていきたいと思っています。代わりに**先生方のプロジェクト型の研修を徹底的に教育委員会がサポートするのがよいと思っています。こういうことをやりたいとか、こういうところに行ってみんなで学びたい、みたいな研修にどんどん予算をつけていくようなイメージです。**

そうすると、自分たちのやりたいことができるという実感がわきます。もちろん、何もしない先生もいるかもしれないですが、それはそれでよいんです。やりたい先生がそれを支えてもらえる経験をすれば、なんか楽しいぞ、という空気が学校現場に出てくるはずで、お互いの刺激がどんどん活発になると思うので。

真下　国や地方公共団体には、もう少し教育に予算を割いていただきたいですよね。先生方が抱えていることがあまりに多すぎるので、お金を出すことで解決できるのであればどんどん外注してもらってよいと思います。そのくらい先生たちがプロフェッショナルとしてやっていくことは、「重い」と思うんです。価値がすごく高くて重いから、そのくらいの時間と手間と予算をかけてやっていかなければならないことだと思います。その先生方の専門性を文科省なり教育委員会なりが、ちゃんと尊重してあげてほしいし支えてあげてほしいと思いますね。

苫野　教育は、本来は信頼と承認がベースになって初めて回ることなのに、あらゆるところで不信がベースになっていますよね。ここをゆるめるとサボるんじゃないかとか。これはやっぱり大人の側から変わらなければだめだなと思うんです。結局大人が、子どもを不信ベースで見るようになってしまうと、ますます子どもは成長を放棄しますよね。

真下　本当にそうですよね……。大人側は、「裏切られたくない」というのがあると思うんですよね。「期待したのに応えてもらえない」とか。教育者は、おそらくそういった「恐れ」とずっと向き合っていかなければならないのだと思うのですが、それを含めて一人でやる必要はまったくなくて、みんなで対話をしたり、集合知で対応したり、サポートを受けたりという形でやっていければよいですね。

苫野先生にとっての「尊厳」とは

真下　最後に、苫野先生にとって「尊厳」とは何ですか。

苫野　これはもう、**対等に自由な存在として、承認・尊重されること**、これに尽きるかなと思っています。

真下　それはなぜですか。

苫野　先ほど申し上げた、近代の哲学者たちが見出した経緯、人類史みたいな大きな話をちょっとすると、人類は何万年も殺し合ってきて、特に一万年くらい前から定住農耕蓄財が始まって、財の奪い合いの大規模戦争がずっとあったわけです。これをどうすればなくせるのかというのは一万年間誰もわからなくて、哲学の2500年の歴史でも大テーマの一つだったんです。神の意志だとか、天災みたいなものだ、くらいの理解しかなかったんですよね。

そんな中で、250年前にヨーロッパのルソーとかヘーゲルといった人たちがようやく、なぜ戦争が起こり、どうすればなくせるのかということを発見した。人間だけが「自由に生きたい」という欲望を持っていて、「生きたいように生きたい」とみんなが思っています。だから、奴隷にされたら必ず反乱を起こすんです。これが人類の歴史で繰り返されてきました。

では、**どうすればみんなが自由に平和に生きられるかといったら、「自由の相互承認」しかないんです。自由の相互承認という原理、それをルールにした社会をつくること以外に、我々は自由に平和に生きることができない**。改めてこれはすごい発見だったと思うんですね。

この原理が250年前に発見されてから2〜3世紀

かけて、それに基づく民主主義社会が世界中に広がって、いわば「精神の大革命」が起きたんです。というのは、300年前の人は人種が違えば奴隷にするのが当たり前、宗教が違えば殺しても当たり前でしたし、暴力を娯楽にするような感受性さえ持っていたわけです。でも、今の我々は誰もそんな感受性を持っていませんよね。これは、本当にすごいことです。数万年の歴史の中で、近代になって初めて我々の精神が大革命を起こしたわけです。これを大事にしない限り、人類はまた大戦争に戻ってしまいます。**もしもそうした戦争が嫌で、みんなで自由に平和に生きたいのであれば、お互いが自由に対等な存在であることを認め合う社会にするしかないんです。「尊厳」というのはまさにそこに尽きて、お互いが対等に自由な存在であるということの理解**だと思うんですね。

人権思想の歴史にもいくつか系譜があって、今お話ししたのはルソーやヘーゲルによる「ルールとしての自由の相互承認」についてでしたが、もう一方で、たとえばジョン・ロックなどが言っているのは、「人権、人間の尊厳というのは生まれながらのものであって、神に与えられたものだ」というような言い方もあります。この天賦人権論のほうが人々には馴染みがあるというか、今は多くの人の中にそういう発想があります。ただ、哲学的にはちょっと弱いんですよね。先ほど、「人間としてこうあるべき」みたいなものを学校が勝手に決めてしまうのが問題、というお話がありましたが、もう一人、カントの名前をあげると、彼は絶対に守らなければいけない道徳法則があると考えました。今の道徳教育はどちらかというとカントの系譜なんですが、やはり「絶対に正しい道徳法則」って言われても……というところはありますよね。

そこをもっと強靭に考えるならば、やはり、もしもみんなが自由に平和に生きたいと思うのならば、お互いの自由を承認し合うことを我々の社会の大原則にするしかない。これは、誰もがちゃんと確かめられる原理だと思うんです。

だから、私は尊厳というのは、そういうふうに考えたいと思っていて、冷たく聞こえてしまうとよくないんですが、生まれながらに**神様から与えられた人間の尊厳というのがあるわけではなくて、私たち人類が血**

で血を洗う争いをずっと続けてきた末につかみ取られた人類の英知の結晶としてのルールなんだというふうに尊厳というものを考えたいなと思っています。

真下　なるほど！　とてもおもしろいですね。私は、尊厳と権利の違いについて考えることもあるのですが、苫野先生は、尊厳と権利は違うと思いますか。

苫野　そうですね、私は**最も基底的な権利が人間としての尊厳だと思うんですね。つまり、自由な存在として承認されていることが尊厳の根拠**だと思うんですよ。これも、ものすごく砕くと、他者の自由を侵害しない限り何をやってもよいという、何を考えてもよいし、どんな価値観・感受性を持っても、どんなことをしてもよいという自由な存在であるということですよね。ここから、じゃあどんな権利が具体的に必要かという問いが発生し、ルールとしての諸権利が案出されます。

真下　おもしろいですね。私も、権利は尊厳を守るためのツールでしかないと思っています。ただ、尊厳に関しては難しくて、講演などでもいつもフワッと、「その人がその人であるための〝核〟みたいなイメージ」としか言ってないんですよ。

なぜかというと、「尊厳」というものが「在る」ことはわかっているし、在ることを前提にいろいろなシステムができあがっています。でも、私は哲学者ではないので、「尊厳そのもの」をゼロから言語化するとなると本当に難しいのです。今の苫野先生のお話は、尊厳を「外側からしっかり固めた」という印象がすごくあります。その外側は絶対揺るがないですよね。揺るがないところをきちんと言語化していくのが哲学なんだなって、今の話を聞いて思いました。

苫野　やっぱり「自由」ですかね、一番大事なキーワードは。**尊厳の核が自由**。今って、自由というものの価値が当たり前すぎて、逆に自由であることで苦しんでいる人もたくさんいて、つまり「何をしてもよいよ」と言われると「何をしたらよいかわからない」という悩みがあるので、自由というものの価値がずいぶんと疑問に付されているところはあると思います。

でも、私もいろいろと考えたんですが、**この自由が「人間の最上の価値」であるという点は今のところ揺るがないと確信しています**。先ほども触れたように、人類史を見れば、生きたいように生きられることを人は望むんですよね。それは時に死を賭してでも求めるようなものである。だから今、**自由であるがゆえに不自由だというのは、結局そこからの自由を目がけているので、やはり自由に生きたいというのは必ず共通していると思います。**

自由がせめぎ合って殺し合いをするんじゃなくて、最大限みんなが自由になれるような社会とはどうあるべきか、これが常に社会のあり方を考える際のファーストステップです。**ルソーの『社会契約論』**の社会契約とは何かというのを私なりにわかりやすく言うと、**みんながみんなの中でより自由になるための契約**なんです。だから、そういう社会はどうやったらつくれるのかという問いが、社会哲学としてはこれからもずっと問われ続けなければならないものだと思っています。

真下　日本で自由の話をすると、どうしても「わがまま」という話が出てきてしまうからなかなか難しいですよね。でも、「当たり前だからわからなくなっているだけで、本当はそこが最も大事だよ」ということは、法律家も、哲学者のみなさんも、言っていかなければならないし、今一度見つめなおす必要があると感じます。

特に学校教育の中でそこが共有されないと、社会はそのようになってはいかないので、とても大切だと思いますね。私も微力ながらがんばりたいと思います。

苫野　私は、今度はぜひ真下さんのいじめのワークショップも体験したいですね。先ほど言ったような構造転換というのは、必ずいじめをなくしていく方向、いじめを起こさせないような構造づくりにつながっていくと思っているので、これを機にその辺もいつかお話しできればと思います。

真下　ありがとうございます。ぜひ、よろしくお願いいたします。

【苫野先生の主なご著書】
『愛』『どのような教育が「よい」教育か』（講談社）、『「学校」をつくり直す』（河出書房新社）、『「自由」はいかに可能か』（NHK出版社）、『はじめての哲学的思考』（筑摩書房）等。

コラム④　コロナ禍における自分との対話

実は私には4歳になる娘がいます。コロナ禍で大好きな保育園が休園になったときは、さぞかし悲しむだろうと思っていたのですが、インドア派のようで、来る日も来る日もとても機嫌よくお部屋遊びを楽しんでいました。

他方、私は家族の食事の用意や家事、娘の世話、仕事、さらに第二子妊娠中でひどいつわりもあり、娘のお部屋遊びに付き合うだけでも一苦労な状態でした。というのも、娘の主なお部屋遊びはいわゆる「ごっこ遊び」で、細かい設定やセリフ、振る舞いを要求されるのです。「ママ、〇〇って言って」と言われれば、その通りに言わなければならないし、「ママ、こっちからこうやってお店に入ってきて」と言われれば、言われた通りの動作で行う必要があります。体調が良ければ何でもないようなことでも、このときばかりは本当に辛かったです。

結果、2020年3月後半の最初の2週間くらいまでは、娘と一緒にいられる時間を楽しいと思うことができていたのですが、だんだんそれも苦しくなり、この状態はいつまで続くんだろう、私はいつになったらまともに仕事ができるようになるんだろうと、4月〜6月は気の重い日々が続きました。

そうした状況の中、日中外で遊んでいないせいか、ある時から娘が夜寝なくなったのです。全く眠らなくなったということではなく、寝付く時間がどんどん遅くなっていきました。目をつぶって眠るまでじっとしている行為そのものが苦手なようでした。最初の数日間こそ「『早く寝かせるべき』にとらわれて焦ってはいけない。娘としっかり話し合わなければ」などと、「力」を使わないで目をつぶらせるよう踏ん張っていたのですが、暗闇の中、キャッキャと踊り出したり、勝手にベッドサイドランプを付けて絵本を読もうとしたりする娘を制する戦いが1時間以上続くと、こちらもだんだん精神が削られていきます。

そのうち遂に、私の頭の片隅に、あるアプリの存在が思い浮かび始めました。それは「鬼から電話がかかってくるアプリ」です。世の親の間で流行しており、それを導入すると、怖い鬼の顔からスマートフォンに着信があるというものです。テレビでその存在を知ったのですが、利用者によれば、それを導入すると子どもがおとなしくなって、親の言うことを聞くというのです。寝かし付けにも効果的という声もありました。

アプリ開発者の方や当該アプリの愛用者の方にはたいへん申し訳ないのですが、正直なところ、最初にその存在を知ったときは、なんて大人の都合ばかりを優先するひどいアプリだろうと思いました。恐怖で子どもに言うことを聞かせたって、その場限りで根本的な解決にはつながらない。その鬼が怖くなくなってしまったら、次のもっと怖いものを用意しなければならず、イタチごっこだ。そもそも、力で押さえつけなければ言うことを聞かないような子どもに育てたくないし、逆にこちらの言うことを無批判に聞いてしまうような主体性のない子どもにも育ってほしくない。支配関係のような親子関係などを全く望んでいない、などなど。瞬時にそのアプリを私が使いたくない理由が思い浮かびました。

しかし、追い詰められて最終的に思い浮かんだのはそのアプリであり、実際に、娘の隣でアプりを検索するところまでいきました。が、結果的には踏みとどまりました。画面に出てきた鬼が娘に見せるには思った以上に怖かったことと、自分としても、もうひと踏ん張りできるのではないかと思ったことが理由でした。とはいえ、もうほぼ限界で「力を使ってしまえ」という気持ちになっていたのは事実です。

　ですから、娘が「私、眠るのつまんない！」と言い始めたのをきっかけに、とうとうこう切り出しました。「そんなにつまんない、つまんないって言っていると、『つまんない熊』が来ちゃうよ」と。途端に娘の顔がこわばり、彼女は私に「つまんない熊は優しいの？」と尋ねてきました。何か彼女にとって嫌なこと、怖いことを言われそうな空気を察したのでしょう。その心配そうな顔を見た瞬間に後悔の念が湧いてきて、私は咄嗟に方向転換しました。「つまんない熊は優しいよ。つまんない、つまんないと言っている子のところにやってきて、おもしろいお歌を歌ってくれるんだよ」と、娘が喜びそうな変な言葉をたくさん並べ立てた歌詞の歌（おしりやおならなどが出てくるちょっと下品な歌）を歌いました。その歌がとても気に入ったらしい娘は、その後ギャッギャッギャと大笑いし続け、最終的には笑い疲れて眠りました。

　こう書くと一見、理想を貫いた私の勝利かのように見えるこの戦いですが、全くそんなことはありません。なぜなら、この戦いは明日も明後日もずっと続くからです。たまたま今日勝利したことが明日の勝利を保証するわけではありません。実際、この「つまんない熊作戦」は、2、3日で効果が薄れてしまいました（私の変な歌詞のボキャブラリーにも限界がありました）。

　最終的にどうしたかというと、夫の手を借りました。実はあまりの辛さに、それまで何度か寝かし付けを夫に交代してもらったことがあったのです。でも、なぜか寝かし付けだけは「ママがいい！」と娘が大泣きするので、夫の方もかなり気落ちし、私も夫に協力してもらうのを諦めていました。しかし、ある時ふと「私も一緒なら大丈夫なのではないか」と思い至ったのです。そして、夫婦二人で寝かし付けることにしてみました。

結果、それが大成功。「家族一緒にみんなで寝よう」という空気にしたら、比較的あっさり寝たのです。数日たって、また寝なくなったときも二人でカバーし合えば一人当たりの負担は少なくて済みます。人手の大事さと持続可能なシステムの大切さを痛感した出来事でした。やはり、このようなごく個人的で些細なことですら、個人の信条をしっかり持つことと、それを支えるシステムをつくっていくことは両輪なのです。

また同時に、私の中での「力」の位置づけがより明確になりました。いざとなれば「力」を使える、最終手段として適切な範囲で使えば悪影響も最小限にできるから使っても大丈夫、と思うことができれば、逆に安心して力を使わない対応を行うことができます。実際、忌み嫌っていた以前とは異なり、「鬼から電話がかかってくるアプリ」は私の中で懐刀のような存在になっています。使うつもりや使う機会がなかったとしても、「力」には、きっとお守りのような効果もあるのです。

第5章

アフターコロナの「大人の学び方」

オンライン研修のススメ

■オンラインの普及で広がる可能性

新型コロナウイルスは、私たちの生活にさまざまな弊害や痛みをもたらしましたが、わずかながら利益をもたらしたのも事実ではないでしょうか。そのうちの一つが急速に普及した「オンライン会議」です。会議も研修も基本的には「対面式が当たり前」とされてきましたが、コロナ禍においてその「当たり前」は一変しました。

事実、子どもたちに対する「オンライン授業・講演」のご依頼は少しずつ増えてきています。

また先日などは、ある公立中学校の会議にオンラインで参加してきました。これまで、その会議に参加するには片道1時間以上かかっていましたから、オンラインになったことで私が節約できる時間は2時間以上です。ですから、その学校からは、今後もっと気軽に、高い頻度で相談等をお受けすることが可能になるでしょう。

アクセスのハードルが下がるということは、その分さまざまな可能性が広がることを意味します。会議だけでなく、オンラインで面談を行うことなども弁護士に限らず可能ですから、きっと他の専門家にも頼りやすくなるでしょう。学校が開かれた場、さまざまな知見を集めやすい場になっていく可能性は高まるばかりです。

もちろん、対面した際の雑談の中で出てくる発見などもありますから、何でもかんでもオンラインで済ませてしまうのは少し乱暴かもしれません。しかし、それでも教育現場が「オンライン」という選択肢を得たことは非常に有益なことだと思います。

■オンラインでの教員研修の良さ

そうした流れの中で現在、私が最も注目しているのは、教職員研修のあり方です。国公私立の別や研修の位置づけ等にもよりますが、これまで学校主催の教職員研修は、放課後、講師が学校に赴いて行うのが一般的だったように思います。

バタバタと子どもたちの対応を終えた後、頭の片隅に「まだ終わっていない業務」を浮かばせながら、強制的に一律に講師の話を聞かなければなりません。これは、なかなかの苦痛でしょう。にもかかわらず、講師に失礼がないように外見は礼儀正しく、なるべく寝たりしないように気も遣わなければなりません。これではもはや、単なる苦痛を超えた〝苦行〟です。

講師であるこちらとしても、できる限り充実した時間になるよう、先生方の眠気を誘わないよう懸命にがんばるのですが、残念ながら力が及ばない場合もあります。せっかくなら、もう少し「聴く態勢」が整っているところでお話ししたいというのが、なかなか口にはできない「本音」です。

こうした現象は「ある程度は仕方ないもの」と実はやや諦めていたのですが、最近オンライン研修の経験を重ねる中で光が見えてきました。

2020年5月の緊急事態宣言明け直後に行ったある学校の教職員研修では、①子どもたちが登校していない状況だったため、先生方の体力にかなりゆとりがありました。また、特殊な状況下であったこともあり、②学校にいらっしゃる先生だけではなく、ご自宅にいらっしゃる先生方もいました。

さらに、③ソーシャルディスタンスを取る必要があったため、学校にいらっしゃる先生方も一箇所に集まることなく、校内の各所で個別に聴講していました。

加えて、私から④「失礼かどうかを気にしていただく必要は全くない。カメラをオフにしていただいても、カメラオンのまま途中でアイスを食べ始めても全く気にしない。一番リラックスした状態で気楽に聴いていていただきたい」とお願いしました。

すると、約2時間の長丁場（それも双方向ではない講義）であったにもかかわらず、主催校の校長先生が驚かれるほどみなさんが講義に集中してくださったのです。

各自が好きな場所で受けられるオンライン研修であれば、同僚の目も気になりませんし、「講師に失礼」等の余計な気を遣う必要もありません。好きな環境で好きな服装で、好きな態度で受講することができます。つまり、「聴くこと」に集中する環境を整えやすいのです。この時は一斉講義でしたが、録画された講義をいつでも視聴できる形式にしたり、好きな研修を教員側が自由に選択できるような形式にしたりすれば、よりその自由度は高まるでしょう。

こうした①から④の条件などは、「研修は、（回数を絞って）なるべく長期休暇中にオンラインで行う」等の工夫で比較的簡単に実現可能だと思います。また、これらの条件以上に、もっと講義に集中しやすい環境を整える方法もあるように思います。それについては、これから検討を重ねていきたいと考えています。いずれにしても、オンライン研修は、「時間の有効活用」という意味でとても大きな可能性を秘めていると言えるでしょう。

オンラインでもここまでできる！「オンライン模擬調停」

■大好評の教員向け「模擬調停」

対談の中でも各所で触れましたが、現在私は大人向けのワークショップとして、いじめ問題を題材にした「模擬調停」を行っています。模擬調停は、模擬裁判とは異なります。裁判は、勝訴・敗訴、有罪・無罪という意味での〝決着〟が付きますが、調停は〝話し合い〟の場です。そのため、ワークショップの獲得目標は対立当事者双方の「合意」です。対立当事者がいるものの、互いに主張を戦わせるわけではない、というのが大きな特徴と言えるでしょう。

これまで私は模擬調停を、生徒向けにいじめ予防授業の中で行ったり、教職員研修で行ったりしてきました。内容の詳細は、前著をご参照いただきたいのですが、子どもたちや教員を調停委員役、被害者代理人役、加害者代理人役の３役に分けて、調停を疑似体験してもらうのです。子どもたちに対してだけでなく、教職員研修でもこれを行っていたのは、先生方にいつもと異なる立場からいじめ問題を体験してみてほしかったからです。

いじめ問題において教員は、被害者側の話だけでなく、加害者側の言い分も聞き、さらにそれらを調整する役割を担います。つまり、模擬調停の例でいえば、調停委員役、被害者代理人役、加害者代理人役を一度に担っているようなものです。ですから、一度それらを全てバラバラにして、〝偏った立場〟からいじめ問題を眺めてみることは先生方にとって有意義なのではないかと考えたわけです。

実際、これまで教職員研修でやってきた模擬調停は、どれもたいへん好評でした。特に加害者代理人役は基本的には「加害者に味方する役」ですので、一度経験しておくととても業務のヒントになるようです。「今回は別の役だったが、次回は加害者代理人役として参加したい！」などのご感想をいただくことも多くありました。

■オンライン模擬調停の良さ

そのため、今後は、多めに時間が取れる教職員研修は、できる限り模擬調停をお勧めしていこうと考えていました。そのような折、いじめ構造変革プラットフォーム（Platform of Ijime-Structure Transformation 以下「ＰＩＴ」）から、アドバイザーの就任およびＰＩＴ定例会のための新しい研修作成のご依頼をいただいたのです。ＰＩＴとは、ストップイットジャパン株式会社代表取締役の谷山大三郎さんと、一般社団法人ＨＡＬＯＭＹ理事の竹之下倫志さんが共同発起人となって設立し、「人が互いにありのままでいられる社会の実現」を目標に、「いじめに向き合う大人たちを支える場」を提供していく任意団体です。谷山さん、竹之下さんの想いや団体の趣旨に共感した私は、喜んでアドバイザー就任も新しい研修の作成もお引き受けすることにしました。

そして、新型コロナウイルスによる最初の緊急事態宣言下でできあがった研修が「オンライン模擬調停」です。当初私は、模擬調停は対面式でないとできないから、コロナ問題が落ち着くまでは開催できないだろうと考えていました。ですから、谷山さん、竹之下さんに「せっかくだからオンラインでやってみましょう」と提案されたときは、「なんて無茶なことを考える人たちなんだ！」と、かなり驚きました。実は模擬調停は、〝ネタバレ〟しないことが極めて重要なのです。他の役に私から受けている指示や作戦を知られてはならないし、調停委員役との面談も相手方の立ち会いなく行われなければなりません。それを一つのオンラインミーティングでどうやって実現するのか、当時の私には全く見当がつきませんでした（参考までに、模擬調停の流れを**図5**に示しておきます）。

しかし結果として、お二人がオンラインミーティングの機能を駆使してくださり、しっかりと実現できたのです。むしろ、オンラインならではの良さが生きる模擬調停になりました。

その良さとは、第一に世界中、日本中どこからでも参加していただけるということです。実際、トライアルの段階では、お友達の白川寧々さん（大和書房『英語ネイティブ脳みそのつくりかた』等著者）がサンフランシスコのベイエリアから参加してくださいましたし、第1回開催の折には本書で対談した塚越友子先生も滞在先の仙台市からご参加くださいました。お二人共とても楽しんでくださったので、私としてもたいへん嬉しかったです。

第二に、オンラインミーティングでは、「気軽に発言できる環境を整えやすい」という利点があります。たとえば対面式ですと、雰囲気的にやや迫力のある方などがいて、その方に周りが呑まれ

図5　模擬調停　ワークショップの流れ

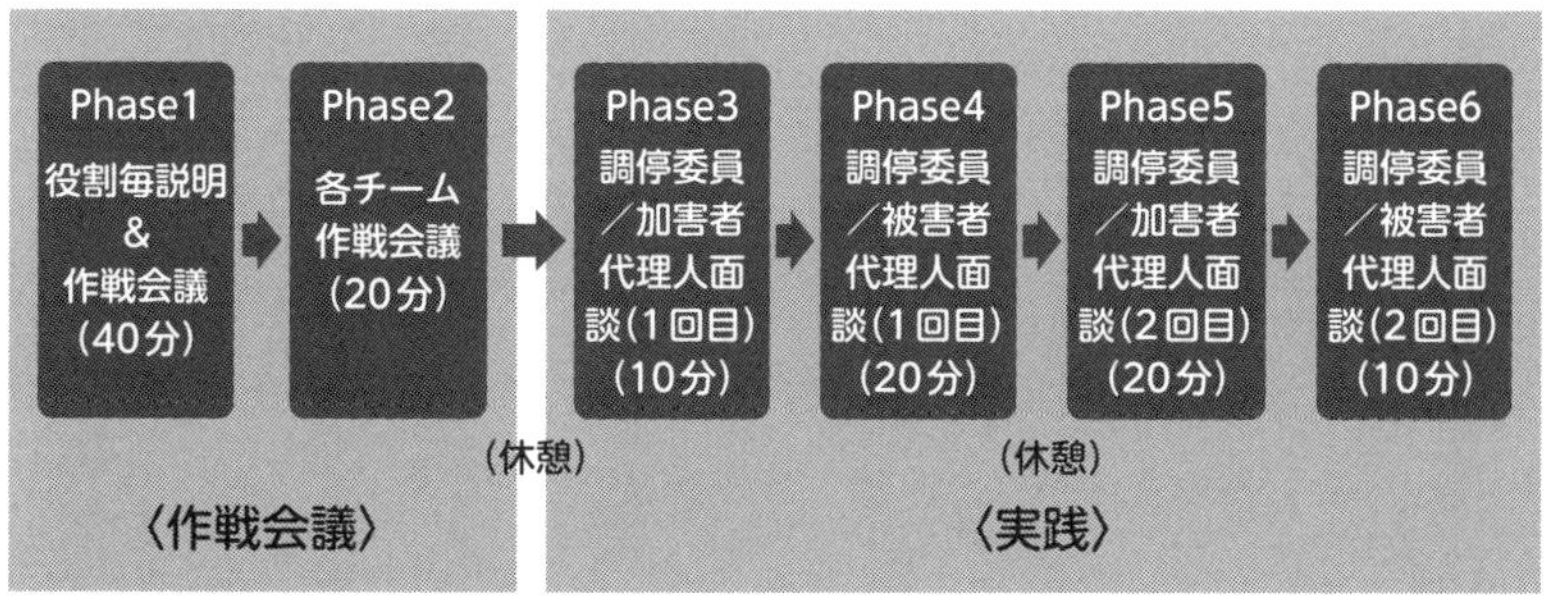

てしまうといったことが起きがちですが、オンライン上ではそうした現象にはあまり遭遇しません。画面が全ての人に均等に割り振られているからです。私たちが普段、知らず知らずのうちに読んでしまっている「空気」の影響を受けづらいのです。

第三に、人目を気にせず、それぞれの方法で伸び伸びと休憩時間を過ごすことができます。そのため、オンとオフの切り替えがしやすく、4、5時間にわたる長い研修であったにもかかわらず、みなさんとても集中してワークやその後の振り返り、ディスカッション等に臨めているようでした。

このように、やり方次第では、オンラインの魅力を十分に生かした研修は可能だと感じました。移動時間がない分、気楽に参加もできますから、きっとこれからさまざまなオンライン研修が登場するだろうと思います。

大切にしたいのは「経験を通して『感じる』こと」

■「安心して失敗できる環境」をつくりたい

「模擬調停」はアウトプット型・実践型の研修です。知識を入れるのではなく、実際に「やってみる」ことを重視した研修であるということです。そして、これからはこうした形の研修、それも学校の外で行われるものを増やしていくことが大切なのではないかと考えています。

なぜならば、多くの教員の方々が「安心して失敗できる環境」をあまり確保できていないようだからです。教育は理論ももちろん大切ですが、「実践できるか否か」をかなり厳しく問われるように思います。特に、相手が子どもですから、より失敗が許されない空気があるのかもしれません。そのため、自分なりの問題意識を誰かと共有したり、相談したりしようにも、そうした職場環境に恵まれない方もたくさんいらっしゃいます。

ですから、いつもと違う環境で、失敗しても安心な場で、とりあえず「やってみる」こと、その結果について学校の外の人と語り合うことは、先生方にとって自分を振り返るとてもよい機会になるようです。

ＰＩＴの「オンライン模擬調停」では、そうしたコンセプトのもと、「安心安全な場」を確保するためにさまざまな工夫をしています。

まず、ＰＩＴ全体のグラウンドルールとして、

・相手の意見や考えを否定しない～納得はしなくてよい、理解し合う～

・無理に発言をしなくてもよい

・「もう子どもがいじめで苦しんでほしくない」という想いをもつメンバーであることを忘れない

というものがあります、これは、どの定例会も学びの多い寛容な場にしたいという谷山さん、竹之下さんの信念に基づくルールです。この他にも自分の属性を開示しなくてよいとか、名前もハンドルネームで問題ない、主催者・登壇者以外の撮影はしない等、参加者の安心安全確保のためのルールが複数あります。

その上で、オンライン模擬調停における私からのお願いとして、①属性等による決めつけ（例：教員だから～、現場を知らないから～等）、②相手の人格否定、③声を荒げる、④権威を引用した発言

の４つをやめてもらっています。「安心安全な場づくり」という観点からは、①から③については特に不思議はないと思います。

■大切にしたいのは一人ひとりの参加者

ただ、④権威の引用については、なぜダメなのか不思議に思われる方もいらっしゃるかもしれません。現実世界では自身の発言に説得力を持たせるため自然に行われる行為だからです。

しかし、私が模擬調停の場で大切にしたいのは、参加者一人ひとりなのです。権威が何と言っているかではありません。むしろ、なぜ、どのような気持ちからその権威を引用したくなったのか、その権威のどこに共感したのかという、その人の動機にこそ注目したいのです。

そのため、そもそもの前提として、権威の言葉や統計的なデータ、法律の知識などを引用しなくてもできるワークにしてあります。また、参加者のみなさんには「３つの『私』」を大切にするようお願いもしています。３つの「私」とは、「私の経験」「私の想い」「私の言葉」のことです。何か意見を述べる際は、その根拠として、自分の経験や気持ちをもとに、自分の言葉で語ってほしいということです。

特にいじめ問題の場合、理屈だけで相手を説得することがとても難しいため、「自分の言葉」を磨いていくことが極めて重要です。そのためには、参加者にどんどん「自分の言葉」を発してもらう必要があります。他方、権威をはじめ「誰かの言葉」を借りてしまうと、自分の言葉が磨かれません。

また、ワーク自体は短時間ですから、参加者の中でも権威を引用できる「物知りさん」の発言力が上がってしまいます。そうすると他の参加者が「まだ勉強が足りない」などといって発言を控えてしまうおそれがあるのです。

したがって、権威の引用をせず、3つの「私」を大切にしてもらうことは「オンライン模擬調停」において、とても大切なルールです。

■〝ゴール〟は、「経験を通して『感じる』こと」

また、そもそもの前提として、ワークの〝ゴール〟を「経験を通して『感じる』こと」に設定しています。「よい理屈を考えること」でも「法律をうまく使いこなすこと」でも「各主張を上手に交通整理すること」でもありません。そうした目に見える「結果」ではなく、一人ひとりが「何を感じたか」のほうがよほど重要であることを明示するようにしています。加えて、「できた」感覚も大事だけれども、失敗もあったほうがより多くのことを感じられるので、「どんどん失敗してほしい」ということもお伝えしています。

というのも、人から聞いたり、その場で考えたりしたことは、経験した瞬間から忘れていってしまいますが、「感じたこと」は感覚として残ります。たとえ忘れてしまったとしても、何かのきっかけで感覚ごと蘇ることもあるでしょう。特に「あー、失敗したなー」という悔しさなどは、感覚として残りやすいだけでなく、「次はもっとこうしよう」とか「あそこを勉強しておけば次の失敗を防げるはずだ」など、学ぶ動機につながります。

ですから、失敗してもよいこと、むしろ失敗したほうが〝得〟であることをあらかじめお伝えしておくことも、ルールの明示と共にとても重要なことだと思っています。

実際、参加者の声としても、「最初にルールやゴールが明示されることで安心感を得やすい」「余計な気負いなくワークに集中できる」といったフィードバックをいただきます。そうした声をいただくたびに、ワークショップは内容そのものだけでなく「場づくり」が非常に重要であると感じます。

大人こそ「楽しく学ぶ」にこだわりたい

■難しい問題だからこそ、〝心の余力〟を残しておく

参加者のみなさんからの「楽しく学べた」というお声には本当に勇気づけられます。いじめの問題と向き合っていくことは、心の負担もかなり大きいですし、時に逃げ出したいような心境になるときもあります。自分の問題意識や活動には本当に意味があるのだろうか、と自信を失いそうになることも多々あります。外部者である私ですらそうした気持ちになるのですから、実際に多くの子どもたちと接する現場の先生方にはもっとストレスがかかるのだろうと想像します。

しかし、そうした難しい問題だからといって、大人がいじめ問題について「常に深刻な気持ちで学ばなければならない」などということは全くないと思うのです。むしろ、難しい問題だからこそ、実際に直面したときに備えて〝心の余力〟を残しておくことは非常に重要です。スキルを学ぶときは楽しく学び、いざというときは真剣に対応する。それで全く問題ないのではないでしょうか。

そうした想いもあって、私のワークショップで用いる事例は、必ず私がつくった〝架空の事例〟に

するようにしています。その事例にどのような意見を述べても、不謹慎だと言われるようなことも、誰かを傷つけてしまうこともありません。安心して自分の自由な考えを述べていただいてよいのです。実際に起きた事例ではないからこそ、「楽しむ」という余地が生まれるのだと思っています。

ですから、先生方には、いじめ問題と真剣に向き合う仲間をつくりながら、楽しく学んでいってほしいです。そのために、私はこれからも大人が安心して自分に向き合える場、学べる場を提供していく所存です。

そして、実は模擬調停に限らず、事実関係の聴き取り方法、事実と証拠の整理方法、保護者対応の方法など、教育現場のお役に立ちそうなワーク、楽しみながら学べそうなワークはまだまだいくらでもつくれそうなのです。そうした意味でも引き続きがんばっていきたいと思っています。

なお、オンライン模擬調停にご興味がある方は、ＰＩＴのＷＥＢサイトに開催情報が掲載されます（年３回程度）ので、ぜひチェックしてみてください。また、その他にも12名以上18名以下で開催可能ですから、教員だけに限らず有志で人を集められそう、ということであればお声がけください。さらに、人数制限があるため実現方法の検討がやや必要にはなりますが、学校単位でのご依頼や私学の支部単位でのご依頼などももちろん歓迎いたします（ＰＩＴのＷＥＢサイトや連絡先につきましては、次頁に掲載しています）。

■大人の学びにこそ必要な「楽しむ」視点

以上、私の最近の実践例について触れてきましたが、私のワークショップに限らず、今後は先生方が研修を選ぶ基準の中に「楽しく学べそうか否か」という視点を入れていってもよいのではないでしょうか。そのほうがより先生方にとって実りの多いものになるでしょうし、もしかすると、子どもに行う「楽しい学び」のヒントにもなるかもしれません。

重い責任を負う大人だからこそ、問題に立ち向かい続けていくために、これからの学びには「楽しむ」という視点が必要だと思います。

第5章まとめ

① オンライン研修は上手に活用しよう

② アウトプット型研修は「安心安全な場づくり」が大切

③ 大人だって「楽しく学ぶ」ことが大切

【いじめ構造変革プラットフォーム（P−IT）情報】

WEBサイト：https://ijime-platform.com/

事務局連絡先：info@ijime-platform.com

第6章

「幸せな学校」をつくる先生とは

私の考える「尊厳」

■私が「尊厳」について考えはじめたきっかけ

対談の中では、それぞれの方の「尊厳」のイメージを質問してきましたので、ここで私のイメージする「尊厳」についても少しだけ触れてみたいと思います。

実は、私が「尊厳」そのものについて正面から考えたのは、TEDxHimi2017に登壇することが決定した2016年の終わり頃でした。それまで当たり前のように使っていた「尊厳」という言葉でしたが、その定義や内実に関しては「権利」ほどじっくり考えたことがなく、何となく「権利の延長にある『尊いもの』」というイメージしかありませんでした。

考えるきっかけとなったのは、TEDxHimi2017キュレーターのエリー谷口さんからの、「真下さんのトークのキーワードは『尊厳』ですね。『尊厳』を教科書や学術書に書いてあることではなく、真下さんなりの言葉で表現してみてください」という一言でした（なお、エリーさんからのトークに関する具体的な要望はたった一つ、これだけでした。彼のキュレーションは、「登壇者に自分自身と対話させること」を徹底しており、「ああしてくれ、こうしてくれ」が一切なかったのです。その分、産みの苦しみがかなりありましたが（笑）、こうやって「自分の言葉」を引き出す方法、自分から気づきを得られるようにする方法があるのだとたいへん勉強になりました）。

この言葉を受けて、最初に出てきた言葉が結局、私が最終的にトークで使った言葉になりました。

「『尊厳』というのは、その人が周りの人とか家族とかそうした人達から愛されてきたり、あるいは自分自身が迷ったり苦しんだりしながらも、一つ一つ積み上げてきた、その人がその人であるための〝核〟のようなものです。」

(TEDxHimi2017「いじめを語る上で大人が向き合うべき大切なこと」https://youtu.be/3C8F-Z1gkeE)

私はとても臆病なので、この言葉をエリーさんに伝えた後、実は、本当にそれで大丈夫なのか学術書等で調べてみたのです。そこには、「全ての個人が互いを人間として尊重する法原理」といった趣旨のことが書いてありました、つまり、私たちがお互いを人として尊重し合うシステムそのものを「(個人の)尊厳」と呼んでいるということでした。このことは憲法13条が「個人の尊重」と呼ばれていたり、「個人の尊厳」と呼ばれていたりすることからすれば比較的明らかで、法律家としては何ら違和感のない説明でした。

ただ、法学的にそのように考えられることと、個人的な実感としてしっくりくるかはやや別問題であり、また私たちが社会において使っている「尊厳」という言葉のイメージとも少し異なるように感じられました。そのため、トークには自分の中から出てきた先の表現を使うことにしました。

■法学的な「個人の尊厳」の考え方への違和感

当時の私が何に最も違和感を覚えたかというと、かなり抽象的で恐縮なのですが「〝他人軸〟の入り込み具合」です。

というのも、私はいじめ問題を扱っていますが、いじめはまさに人の尊厳が傷つけられる場面と言えるでしょう。

しかし、仮に尊厳を「互いに尊重し合うシステムそのもの」と捉えると、その「回復」にまで〝他人軸（社会的評価）〟が入ってきてしまうように感じられたのです。加害者が社会的に見て「十分な償い」をし、「十分な罰」を受ければ、少なくとも被害者が「尊重されていない状態」そのものはなくなります。そうすると、その状態を「尊厳が回復された」と言えてしまうのではないでしょうか。社会が、他人が、その人の尊厳の回復を一定程度決めることができてしまうように思えたのです。

これが「権利」であれば、実はあまり違和感がありません。実社会では、司法を含む社会の判断として〝適正な解決〟というものがあり、そうした解決が図られた以上は、「社会としてはこれ以上介入しません」「一定の回復が図られたとみなします」ということになります。こうした社会システム自体は私たちの社会を維持するためには必要です。そして、「権利」には、そうした仕組みのために生み出された概念という側面があります。ですから、もともと「権利」と〝他人軸〟とは切っても切り離せないものがあるのです（だからといって、「権利」が軽い価値であるわけではけっしてありません）。

他方、社会による権利の回復が図られながらも（図られないまま）、いじめによって抱えた傷を癒しきれずに長い間苦しみ続けている人たちはたくさん存在します。こうした事実に日々直面していると、他人や社会が何と言おうと、傷ついているものは傷ついている、回復していないものは回復していない、そうやって自分自身で断言できるもの、決められるもの、〝自分軸〟だけで捉えてよいもの、それこそがまさに「尊厳」なのではないか、と思えるのです。裁判所ですら「あなたの尊厳は回復された」などと容易には言えない、権利よりもさらに高次元の概念といった感じです。

■対談で見えてきた「尊厳」の考え方

この点、今回の苫野先生との対談で、「尊厳」の概念（人権思想）には、ルソーやヘーゲルの流れとジョン・ロックやカントの流れがあるというお話が出てきました。詳しくは対談（2－5頁）をご参照いただきたいのですが、先生のお話から考える限り、私の「尊厳」の捉え方は（「神から与えられた」という点はさておき）ややジョン・ロック的なのかなと思います。私たち一人ひとりに尊厳というう「領域的なもの」があるようなイメージだからです。そして、それは残念ながら哲学的には少し弱いようで、お話を伺う限り、確かに弱いと私も感じました。

ただ、同時に苫野先生は、尊厳の核にあるのは「自由」だともおっしゃっていました。自分の尊厳の回復を自分で判断することは誰かの自由を害するわけではないと考えれば、私が当時覚えた違和感も解消されるのかもしれません。

そう考えると、私がイメージしている尊厳と苫野先生のお考えとは、自分をはじめとする「個人」を起点に検討しているか、「社会」を起点に検討しているか、という差があるにすぎず、結局は同じことを言っているようにも思えます（苫野先生、全く異なっていたら申し訳ありません……（笑））

そして、「どうやらTEDxでは、苫野先生が『自由』と考える領域について、私なりに言葉にしたようだ」とぼんやりと俯瞰することができました。

このように、本書においても私は何か明確な結論を出せるわけでは全くなく、引き続き、折に触れて自問自答を繰り返していくことになりそうです。これはきっと私なりの「探究」なのでしょう。

いずれにしても、今回の対談を通して、さまざまな分野の方々と改めて「尊厳」について考えることができて、本当に楽しかったですし、とても勉強になりました。また、こうしてみんなで「尊厳」と向き合える機会も、もっとつくっていきたいと改めて感じました。

さて、教育現場においては、「いのち」に向き合う機会は比較的多いと思いますが、「尊厳」についてはなかなかそうした機会も少ないでしょう（山崎さんとの対談〈56頁〉では「子どもには、あまりに言葉が難しすぎる」というご指摘もありました）。

しかし、個々人が尊厳をどのように捉えていくにしろ、人の尊厳と向き合っていくことと、「自分や相手を尊重していくこと」とはつながっています。

ですから、教員のみなさんもぜひ一緒に、さまざまなアプローチで「尊厳」と向き合ってみていただきたいと思っています。

教員は「自分や相手を尊重することを学ばせる専門家」であってほしい

第3章で私は、教員が「学業を身につけさせる専門家」であることに加えて、法律上「子どもの安全を守る専門家」であることも求められていると述べました。本書の最終章である本章では、それらに加えて、「自分や相手を尊重することを学ばせる専門家」でもあってほしいという私の願いについいて述べたいと思います。

■「自分や相手を尊重することを学ばせる専門家」に必要な視点

そもそも私がそのように願う理由は、子どもたちにより風通しのよい優しい社会をつくっていってもらうためには、自分や相手をきちんと尊重していく練習が必要だと考えるからです。さまざまな事情や背景を有し、さまざまな思想信条、宗教や考え方を持つ人々と幸せに共存していく社会をつくるためには、自分だけの「当たり前」や「普通」に固執しないそうした人材が不可欠です。私が「個人の尊厳が守られる学校」を目指したい理由もそこにあります。

ただ、これはあくまで私の希望であって、強制力を伴うような強い法的裏付けがあるわけではありません。いじめ対策などでも、加害行為を止めて被害者の安全さえ確保していれば、「相手を尊重すること」を学ばせなかったことだけをもって教員が賠償義務を負うようなことはまずないでしょう。

もちろん憲法や子どもの権利条約等の原理原則に立ち返り、さらに教育基本法や学習指導要領などを参照すれば、ある程度こうしたことも導かれると思います。事実、私などが求めずとも、こうしたことを現場に求める議論は多数あります。

とはいえ、基本的には賠償義務や懲戒処分等のペナルティが直ちに科されるわけでもないでしょうし、やはり「そう考えるべき」とか「ねばならない」という話というよりは「そう考えてほしい」とか「そう考えられたらよりよい」「一緒にそう考えていきましょう」といったフェーズの話なのだと思います（この点については、苫野先生との対談（196頁）でも触れられていますので、ぜひご参

照くださ い。苫野先生によると、そうした教員の専門性は哲学の観点から「原理的に導ける」とのことで、それは私にとって、とても嬉しいことでした)。

さて、そうした前提のもと、もし教員のみなさんがご自身を「自分や相手を尊重することを学ばせる専門家」とご認識いただけるのであれば、以下のような視点を持っていただけたらよいのではないかと思います。どれもこれまで触れてきたことですので、気になる記載は各章を振り返ってみてください。

■まずは「私」を尊重する

①身近で些細なことから「多忙化解消」のためのアクションを少しずつ起こしてみる。
②自分の専門性を意識し、自分で尊重する(尊重することに罪悪感を持たない)。
③尊重した結果「できない」と思ったことは、可能な限り「やらない」方向で考える。
④子ども、保護者、同僚等との信頼関係構築を最優先し、なるべくそれぞれに「任せる」(自分の業務を少しずつ手放す)。
⑤自分の中にある「正しさ」と向き合ってみる(例:それは本当に「正しい」か、そこへ導くためのアプローチは、子どもや同僚の意思を尊重したフェアなものか等)。
⑥「子どものため」という理由で子どもに課している制約が、本当に子どものため〝だけ〟かを検討してみる。
⑦最終的には「子どものため」になるものの、大人側の「管理しやすさ」も含まれている場合、そ

の「管理」が本当に必要か、管理そのものが自分の負担になっていないか、子どもを信じることで手放せないか等を検討してみる。

⑧安全上の問題など、どうしても「管理」が必要な場合、自分にとって負担が少なく、かつ子どもに対する制約も少ない方法を考えてみる。

⑨対話・説得スキル等、専門的なスキルの習得には、貪欲に「楽しさ」を求める。

⑩「私」が「尊い」ことを確認し合える、または「私」を「尊い」ものとして扱ってくれる仲間をつくる（逆に、そう扱ってくれない人とはできる限り距離を置く。距離を置くことに罪悪感を持たない）。

■次に「あなた」を尊重する

①簡単に決まりごとを増やすなど、子どもの権利を安易に制約してしまうことは「あなたの価値は〝その程度〟」というメッセージになりえることに注意する。

②諸々の事情から、大人側の管理体制を変えられない場合、なるべく「大人側の事情」を子どもに開示し、理解を求める。

③子どもや同僚を説得したいときは、なるべく「すべき」を使わない。「あなた」と「私」を意識しながら「したい（してほしい）」を使うよう心がける（「あなた」と「私」の「したい」を調整する視点を持つ）。

④規則や決まりごとは「変えられる」という意識を持ち、それを子どもにも伝える。

⑤可能であれば、子どもたちにルールづくりを任せ、自分たちで守らせる。
⑥安易に子どもや同僚の内心を否定・強制しないよう注意する（例：「こんなことで怒るなんておかしい」「自主的に（自ら喜んで）〜すべき」等）。
⑦いじめ問題に関する「串（共通認識）」は平時のうちから通しておく。
⑧串は、子どもだけでなく、「子ども、教員（学校）、保護者」の三者にしっかり通す。
⑨通した串は、子どもと対話するなどして、できる限りメンテナンスする。
⑩いじめやトラブルを「よくあること」「成長の過程で必要なこと」「自主性を尊重」などと言って放置しない。
⑪むしろ「自分や相手を尊重することを学ばせるよい機会」と位置づける。
⑫安易に「喧嘩両成敗（お互いに謝り合って終了）」しない。
⑬加害者に対しては、その感情を尊重し、「手段」が許容できない旨を伝える。
⑭やむを得ずペナルティを科すときは、手続きを重視する。

いかがでしょう。「こんなの当たり前だ！」とお思いになるでしょうか。それとも「なんて無理難題を押し付けてくるんだ！」とお思いになるでしょうか。個人的には「概ね理解できるけど、実際問題として難しい点もあるよね」くらいですと、とても嬉しいです。

その「難しい点」をこれからぜひ一緒に考えていきたいですし、少しでも良い方向へいくようお手伝いをしていくのが私の役割だと考えています。

「尊重」と「学び」

最後にこの話題に触れるか否か、実はとても迷ったのですが、大切なことだと思うので触れたいと思います。

■「権利」に対するネガティブなイメージを持つことの弊害

時折、教員のみなさんから出てくる発言で、とても悲しい気持ちになる言葉があります。それは、「過剰な権利主張」という言葉です。主に子どもや保護者からの要望がワガママであるという文脈のもと登場する言葉ですが、「過剰」という言葉のみならず「権利主張」そのものにもどこかネガティブな意味合いを感じます。

先生方がこうおっしゃりたくなるほどクレーマー的な保護者などが実在するのでしょうし、そうした保護者などを「嫌だ」と感じるお気持ち自体を否定するつもりは全くありません。

ただ、こうした「権利」に対するネガティブなイメージは、結果として教員のみなさんの手枷足枷にもなりうると懸念しています。こうしたイメージは、ご自身がご自身のために権利主張する際に「これはワガママなのではないか」という躊躇を必ず生むからです。

実際問題として、これだけ教員の過酷な労働環境等が社会問題と化しているにもかかわらず、現役の教員の方々からの〝主張〟や〝抵抗〟がそれほど話題にならないのは、多少なりともこうした意識が関係しているのではないかと感じています。

当然ですが、個人にとって、または「力」を持つ側の者にとって、その主張が過剰だと〝感じること〟と社会的にみて、あるいは権利というものの尊さを考慮しても〝客観的に過剰であること〟とは必ずしも同じではありません。「過剰だ」「受け入れられない」と感じたのであれば『私は』そこまで対応できません」と述べればよいだけの話であって、権利主張そのものを敵視したり、ネガティブなイメージで捉えたりする必要はないのです。

日本国憲法第97条にはこう書かれています。

「この憲法が日本国民に保障する基本的人権は、人類の多年にわたる自由獲得の努力の成果であつて、これらの権利は、過去幾多の試練に堪へ、現在及び将来の国民に対し、侵すことのできない永久の権利として信託されたものである。」

実際、多くの権利が先人たちによって獲得されてきました。私たちが今「当然に在る」と認識している私たちの権利は、誰かの犠牲や献身のもとに在るのです。

プライバシー権、肖像権、環境権、知る権利等のいわゆる「新しい人権」も、「これはおかしい」と思った〝多数派ではない人たち〟が声をあげ、訴訟を起こし、世論を動かして〝つくり上げてきた〟のです。その過程では「単なるワガママ」「気にしすぎ」「もっと他のことに時間を使え」など、きっと多くの心ない批判にさらされてきたことでしょう。しかし、そうして批判した人たちですら、結果としてはその恩恵を受けています。

■「学び続けること」の大切さ。「知らないこと」は理解も尊重もできない

大切なことなのでもう一度書きますが、多数派が「やりすぎ」「ワガママ」「過剰」と感じるからといって、少数者の権利やその主張に〝価値がない〟わけではけっしてありません。自分がその要求に「応えられない」ことと、権利主張自体を「軽視すること」とを混同しないでほしいのです。

結論は「その要求には答えられない」でも構いません。しかし、よほど単なる言いがかりと言えるような事案でない限り、「こんなことは常識だ」「最近の子どもは甘ったれている」「親の責任を放棄しているだけ」などと決めつけずに、そうした主張にも一定の敬意を払うことを忘れないでほしいのです。

ここにはもちろん、「人権は大切」といった理念の問題だけでなく、現実的な問題もあります。相手に敬意を払わなければ、こちらのことも尊重してもらえるはずがないからです。また、そうした主張の中に、「長期的に見れば学校全体の利益になる視点」が含まれている可能性もあります。逆に、そうした視点を拾えない場合は、単に〝クレームの受け損〟〝面倒な対処をし損〟〝時間の使い損〟だけになってしまうかもしれません。

ただ、そのためには、私たちは学び続けなければなりません。コラム③で触れた人種差別問題しかり、ＬＧＢＴＱの問題やフェミニズム等の問題しかり、時代と共に変わっていく、可視化される価値観は多々あります。私たちは「知らないこと」「理解できていないこと」には配慮も尊重もできないのです。悲しいことに「尊重できていない事実」にすら気づけません。

そして、もっと悲しいことに「自分が尊重されていない事実」に気づけない場合もあります。

本書では、可能な限り先生方の負担を増やさない方向でさまざまなことを述べてきましたが、特に人権に関わることについてはご自身のこれまでの経験則から少し離れて、少しずつ学んでいってほしいと思っています。

そして、そのためのお手伝いであれば私はいくらでも協力させていただきます。私自身もみなさんと一緒に学んでいきたいと考えているからです。

第6章まとめ

① これからもみなさんと一緒に「尊厳」を考えていきたい

② 教員は「自分や相手を尊重することを学ばせる専門家」であってほしい

③ 相手を尊重するには「学び」が必要

おわりに

自分の経験を通しても、また妹尾さんとの対談を通しても改めて感じましたが、教員のみなさんは現在本当に大変な状況に置かれていると思います。そして、そのような状況下では、本書による私からのメッセージが新たな「すべき」として届いてしまう可能性もあると考えています。きちんと問題意識を持たれている先生方ほど「まだまだ勉強が足りない」「ここもあそこも足りていない」「もっと研鑽を積まなくては」と自分に「すべき」を向けてしまう傾向にあるからです。

ですから、もし本書を読んで少しでもソワソワした気持ちや何らかの焦燥感にかられた方がいらっしゃいましたら、私は「先生は大丈夫なので安心していいですよ」とお伝えしたいです。

むしろ、「こんなの当たり前じゃん!」「たいしたこと書いてないな〜」などとお思いになったその方!「自分はできている」と感じること自体はとても大切なことですが、もう一度本書を最初からお読みになるか、もう少しご自身を振り返ってみていただけると私としては安心です(笑)。

何度も述べてきた通り、「私」が尊重されていなければ、「あなた」を尊重することなど不可能です。ですから、「人」という極めて重い価値を扱う私たち専門職は、きっと職業スキルの一つとして「自分を尊重する訓練」も必要なのだと思うのです。

ただ、そうした訓練は、何も一人で行う必要は全くありません。むしろ、扱う価値が「人」であるからこそ、自分以外の誰かの葛藤を知り、また自分自身の葛藤を相手に伝え、共有し合いながら一緒に学んでいくのがよいのではないでしょうか。

身近に同じ悩みや葛藤を抱えている人がいないように感じられたとしても、一歩外に出れば同じことで悩み、違和感を覚えている人たちはきっとたくさんいます。本書は、そうした小さな違和感をみんなで共有するため、なるべく些細なこと、言葉にしにくいことを言語化することに努めたつもりです。そのため、けっして学術的ではない記載や抽象的な表現も多かったかもしれません。

しかし私は、たとえ「弁護士らしい言葉」でなかったとしても、「同じ未来」を見ている人たちにはきっと私の言葉が届くと信じているのです。そうした方々と一緒に、私も子どもたちの未来のためにこれから研鑽を積んでいきたいと思っています。

私にとってもみなさんにとっても、本書がそうした〝仲間〟を見つけるきっかけになれば、本当に嬉しく思います。

〔謝辞〕

本書作成にあたっては、実に多くの方々に支えていただきました。たいへんお忙しいところ、対談を心よくお引き受けくださった山崎聡一郎さん、塚越友子先生、妹尾昌俊さん、苫野一徳先生、本当にありがとうございました。みなさまとの時間は、私にとってたいへん貴重な学びの場となりました。これからも、さまざまな折にご一緒できましたらとても嬉しく思います。

また、現在の私の問題意識に基づいたかなり抽象度の高いテーマで本を書くことをご快諾くださった教育開発研究所のみなさま、特に編集の桜田雅美さんには感謝してもしきれません。対談原稿の書き起こしを始め、前著に増してたくさんのご苦労をおかけしてしまいました。この本が少しでも多くの方の手に渡ることでご恩をお返しできたらと思っております。

さらに、貴法人発行の季刊誌に掲載された書評を基に本書第1章の一部を作成することをご快諾くださった公益財団法人東京子ども図書館のみなさま、貴社での連載「寛容な教室のつくり方」を基に第2章の一部を作成することをご快諾くださった教育新聞のみなさまに感謝いたします。

加えて、コロナ対応等で事務所の業務が大変な中、私の自由な振る舞いを通常通り許してくださった宮本国際法律事務所の宮本健悟先生、お忙しいにもかかわらず的確なアドバイスをいつもくださるエリー谷口さん、私に新しいチャレンジの機会を下さったPITの谷山大三郎さん、竹之下倫志さん、本書作成にあたりたくさんの素敵なご意見をくださった鑑賞対話ファシリテーターの舟之川聖子さん、教育問題について斬新な視点からたくさんの刺激をくれる起業家の白川寧々さん、素敵なご縁をくださった弁護士でYouTuberの井上拓先生、いつも一緒に問題解決に向き合ってくださるNPO法人ストップいじめ!ナビのみなさま、とりわけ原稿に対して温かいご意見をくださった弁護士の井桁大介先生、常に快適な執筆環境を提供くださるいつものカフェのみなさま、原稿の一部を確認してくれた建築士の父に感謝いたします。

そして最後に、夫と娘、新しく我が家にやってきてくれたもう一人の娘に感謝します。ママ、結構がんばったよ。

■著者紹介■
真下 麻里子（ましも・まりこ）
弁護士／NPO法人ストップいじめ！ナビ理事

早稲田大学教育学部理学科を卒業し、中学・高校の数学の教員免許を持つ弁護士。宮本国際法律事務所に所属し、NPO法人ストップいじめ！ナビの理事を務めている。全国の学校で、オリジナルのいじめ予防授業や講演活動を実施するほか、学校運営におけるリスク管理の観点から教職員研修の講師も務めている。2017年1月にはTEDxHimi 2017に登壇。そのトーク「いじめを語る上で大人が向き合うべき大切なこと」は現在YouTubeにて公開中。著書に『弁護士秘伝！　教師もできるいじめ予防授業』（教育開発研究所）、共著に『ブラック校則』（東洋館出版社）、『スクールロイヤーにできること』（日本評論社）等がある。

「幸せ」な学校のつくりかた
――弁護士が考える、先生も子どもも「あなたは尊い」と感じ合える学校づくり

2021年2月10日　第1刷発行

著　者　　真下 麻里子
発行者　　福山 孝弘
編集担当　桜田 雅美
発行所　　株式会社 教育開発研究所
〒113-0033　東京都文京区本郷2-15-13
TEL 03-3815-7041 ／ FAX 03-3816-2488
https://www.kyouiku-kaihatu.co.jp
表紙デザイン　長沼 直子
表紙イラスト　wikki/Shutterstock.com
印刷・製本　中央精版印刷株式会社

ISBN978-4-86560-533-4　C3037
落丁・乱丁本はお取り替えいたします。定価はカバーに表示してあります。